TAROT HEALER

你的身心課題塔羅都知道

第一本脈輪塔羅療癒指南
打造自己的終極版能量地圖

LEEZA ROBERTSON
萊札・羅伯遜 著　梵妮莎 譯

此書謹獻給光之工作者與人間天使，
我能感覺到你們，謝謝你們的奉獻。

免責聲明

本書並無意提供醫療或心理治療建議、或取代你主要照護提供者的建議或治療。建議讀者向你們的醫生或其他合格的健康照護專家，針對你們的醫療或心理健康問題尋求建議。對於任何因閱讀或遵循本書所提及的療程或訊息而造成的可能後果，出版者與作者皆不承擔任何責任。

各界推薦

這本書能幫助你開始擴展並體現愛、安全、直覺和神聖的能量！作者以全新的能量療癒系統，教導我們如何運用塔羅原型的直覺洞悉，來調整和平衡跟身體、心理、情感和深層靈性狀態相聯繫的脈輪，建立能量地圖，使其和諧於宇宙原創能量。

本書探討了思想、感覺和行為如何影響我們更新意念、釋放舊傷口的能力，並應用塔羅療癒技術，改變內在的混亂狀態，調和體內生命組織中的神聖元素，讓我們重獲身體、精神和情緒的穩定性和對待生活的全新態度。

——**Amy黃逸美**（**《意識結構》共同作者、意識結構研究會負責人**）

用塔羅來療癒脈輪？這是大多數塔羅玩家尚未觸及到的領域。《你的身心課題塔羅都知道》詳細介紹印度瑜伽中的七大脈輪能量，指導我們透過塔羅占卜，了解自己的脈輪狀態，以及如何進行改善。對於尋求心靈成長、調理脈輪，讓自己在人世間運作得更順暢的朋友，這本書能幫助我們充分發揮潛能。對塔羅占卜師而言，這本書更能為你的工具箱增加一項助人的本領，益處多多。

——**Sunny**（晶荷花精社長）

這本書很好地連結了塔羅牌跟靈性工作者都熟悉的七大脈輪，而且一般塔羅工作者如果想協助個案，都要基於自己本身的經驗，想出可以建議的方向。但有了這本書，讓人可以很簡單地分類，對方遇到的問題，是在哪個脈輪受到影響，加上對塔羅牌的了解，就能更快、更有效地解決問題，真的是塔羅工作者的福音。

——**天空為限**（占星塔羅作家）

這本書很適合對塔羅有興趣，也想透過塔羅療癒脈輪課題的你。今年好好花點時間，一邊了解塔羅，一邊梳理自己的生命課題，當作是新一年的目標吧！

——**柚子甜**（作家／心靈工作者）

3／太陽輪

4／心輪

5／喉輪

6／眉心輪

7／頂輪

8／綜觀而談

前言

多年前，我開始將能量療癒指導的工作與塔羅牌結合，注意到如此一來，客戶可以獲得一張更深入、更實用的療癒地圖，而我也是。塔羅牌讓我們得以更深入地看待健康狀況、思緒、感受和行為，不僅對自己目前的健康狀況有眼見為憑的證據，對於能量療癒之旅的下一階段也有更明顯的引導，這能成為一個人針對自我和身體做出持續一輩子改變時，所需要的助力。

這些年來，我在進行能量療癒時更進一步地使用塔羅牌，開始視塔羅牌為療癒指示卡，並透過牌陣排列出與特定脈輪有關的療癒地圖。塔羅牌可以完美地交織於療癒工作中，塔羅牌中三個類別的牌卡，可以用來檢視三個主要面相：大牌（大阿爾克那牌）可以代表事件；宮廷牌可以代表一個人如何經歷事件、以及此人在進到療癒之旅的下個階段後可能會成為的樣貌；小牌（小阿爾克那牌），可以指出如果這個人想要離開舊有的言行模式、提升到更好版本的自己時，需要改變哪些日常習慣、情緒或思維等等。塔羅牌成為我進行諮詢時不可或缺的元素，因此將這些資訊匯集成冊、分享給更多希望將塔羅牌融入自身能量療癒的讀者，是理所當然的選擇。

你可以將此書視為一堂自學課程，結合了脈輪系統的能量療癒與塔羅療癒能量。雖然這不是一本尋常的塔羅教學書，但你在閱讀時仍可從牌卡中得到許多樂趣，甚至學到一些不同的解牌方法。簡而言之，本書可以同時擴增你的能量療癒和塔羅資料庫，帶著你透過七個脈輪開始這段旅程，並幫助你更了解自己的身體和自我。

這本書會從正位和逆位探索塔羅牌牌義，這些解讀都將為你和療癒過程提供更深入的訊息。即便你可能不太喜歡逆位牌，我仍鼓勵你進行書中的逆位卡牌練習，在本書中，卡牌的位子沒有好壞之分，只有訊息。這個訊息將會呈現你可能被阻塞的地方、可能在哪個層面停留在保護狀態、或是可能需要處理自己的陰暗面。你或許得花些時間閱讀書中的內容，也或許你會發現自己不想做某些練習，但是又深深受到其他練習吸引，以上都是療癒過程中的正常狀態。

在療癒的道路上，我們並不是每次往前踏步都覺得舒適，關鍵在於要慢慢來、對自己釋出善意和同理心，知道何時該更深入探索、何時是還沒準備好看穿深藏內心的課題。總之，請不要為這趟旅程中遇到的事物貼上「好」或「壞」的標籤，接受它們原本的樣子，直到一切消散。書裡面將會告訴你如何成為自己的塔羅療癒者，你會了解如何自信地將塔羅視作一套完整的工具，將其緊密應用於自己的能量療癒工作中。

我也要說清楚一件事：這並非一本醫療書籍，不提供醫療診斷，也無意要你停止尋求適當且資訊清晰的醫療照護及協助。這本書可以幫助你更能察覺自己的思緒、感受和影響身體七個脈輪的行為。我為客戶服務時，除了使用書中所分享的方法，還會配合客戶的醫療規劃。我不是醫生，也無意提供醫療建議，因此，請了解本書只是你在進行自我療癒及促進整體健康的一項工具。總之，本書旨在讓你能與當前的能量療癒療程並進，無論是怎樣的方式。

塔羅療癒道路

如此一來，「塔羅療癒」到底是什麼呢？事實上，本書更像是將你的療癒工作與塔羅牌緊密融合的媒介，而非一門認證課程、也不是萬靈藥。無論你從事的是哪一種能量工作，都可以將本書的元素與之結合，進行得更為深入。如果你知道如何正確使用塔羅牌，它本身就是一種非常強大的療癒工具。牌卡開啟了通往生理、情緒、精神和身體探索最深的那道門，一切都會影響到我們的整體健康與幸福。對於「療癒者」，我的淺見是：能夠為療癒性能量提供轉換和流動的空間、並且擔任催化者的人，甚至還能幫助改變身心靈。

我也希望補充一點：一名塔羅療癒者能夠透過身、心、靈，跟七個脈輪的能量一起合作。塔羅療癒是一種探索如何與個人的思想、感受或信念進行對話、轉移和釋放的方式，這些想法或感受可能正在妨礙你獲得健康和幸福，或是造成你的痛苦。對於如何使用塔羅牌連接七個脈輪，我會以非常有系統的方式引導你觸及各個能量中心，並與牌卡共同展開探索。每一個單元的最後，都會帶領你透過「塔羅曼陀羅牌陣」進行自我療癒。

「療癒」的面向很廣，「知覺」和「信念」在我們的健康福祉中扮演要角，塔羅牌剛好善於挖掘出這兩者，並提供實用且有效的建議。

探索脈輪

我所有的能量療癒工作都是以脈輪為基礎，這是我唯一使用的系統。脈輪系統有許多值得學習的內涵，在這些能量中心中有太多未知、深度的議題值得探索。我已經在自己和客戶身上累積超過十年的療癒經驗，每當我越了解這些神奇的能量中心，我的學習就越深入。每個脈輪中含有多個層次，一旦你越熟悉它們，就越能突破、獲得新一層的認知。

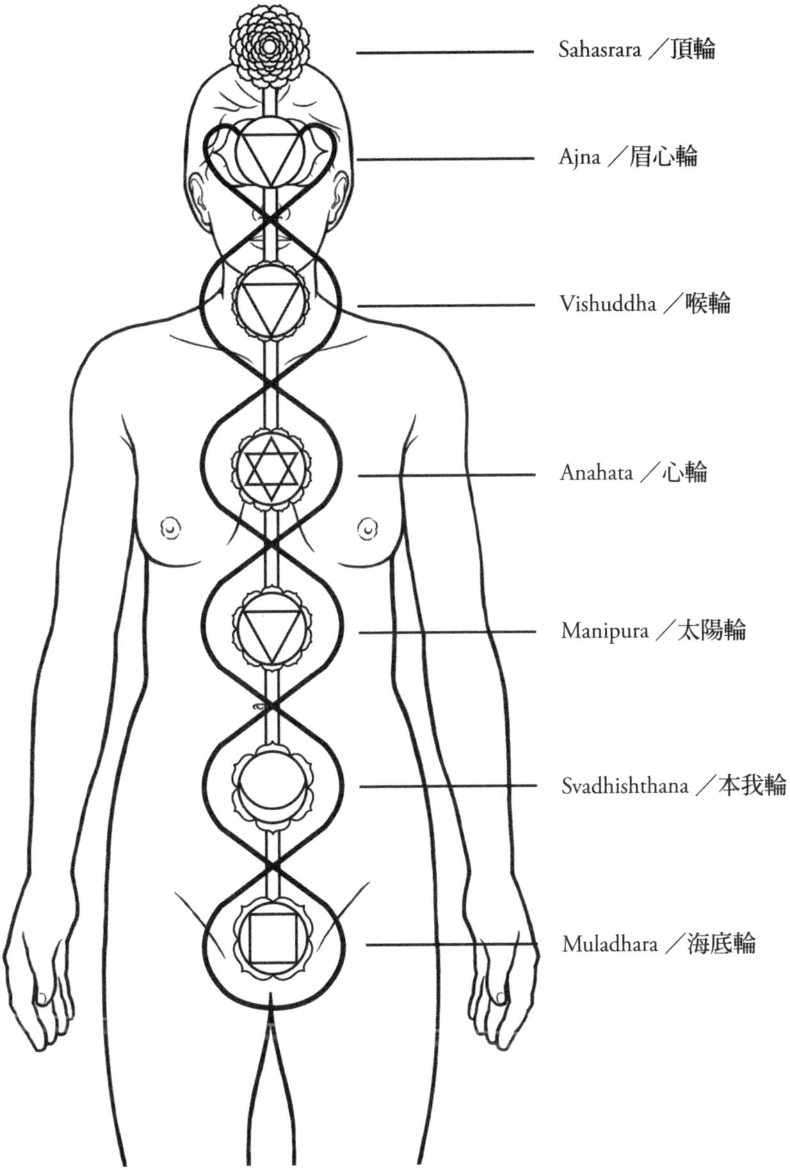
Sahasrara／頂輪
Ajna／眉心輪
Vishuddha／喉輪
Anahata／心輪
Manipura／太陽輪
Svadhishthana／本我輪
Muladhara／海底輪

所以，什麼是脈輪？簡單來說，脈輪就是在身體內流動的旋轉能量中心。身體內總共有七個主要脈輪和上百個小脈輪，本書我們只會聚焦在七大能量中心，探討它們的角色、所掌管的課題，以及塔羅牌能如何幫助你更了解自己的脈輪系統，進而駕馭脈輪能量，改善身心靈健康。

七個主要脈輪如下：

第一脈輪：Muladhara／海底輪
第二脈輪：Svadhishthana／本我輪
第三脈輪：Manipura／太陽輪
第四脈輪：Anahata／心輪
第五脈輪：Vishuddha／喉輪
第六脈輪：Ajna／眉心輪
第七脈輪：Sahasrara／頂輪

本書的前七個單元各聚焦在一個主要脈輪，從根部、也就是海底輪開始，往上到本我輪、太陽輪、心輪、喉輪、眉心輪和最上方的頂輪。每一個單元都會分為七個小節，勾勒出每個脈輪主要處理的七個課題。你會注意到七的能量貫穿全書，例如七個脈輪、七個單元，以及「七張牌」牌陣。七是代表課程與學習的數字，這個數字也跟學生及老師有所連結，而這將會是你進入塔羅療癒者的領域時出現的感受：你會遇到許多自覺還需要努力學習的時刻，也會遇到神來一筆、有如大師上身的時刻，獲得能夠與他人分享的寶貴經驗。

塔羅牌系統甚至也帶有七的能量，特別是在討論「愚者之旅」[1]時，我們會以每七張一組，將大牌分成三組。七的力量提醒了我們正在持續學習，不斷認識自己是誰、有什麼能力，以及如何與自己的身體與頻率振動互動。一旦跟著本書實際走過一遍，你會發現這些課題在脈輪工作和塔羅使用上是顯而易見的。

讓我們再進一步了解塔羅牌在書裡所扮演的角色。書中會有許多使用塔羅牌的練習，有些是專門為特定議題所設計的，我會指引你如何找出每個脈輪的提示卡以及各自所負責的七個課題（你可以在目錄看到這串清單）。你可以多找幾套牌卡搭配使用，因為單一套牌卡可能不夠。這有助於讓你的療癒工作更穩固，而且在整合

1. 譯註：指透過二十二張大牌所構成的一段人生隱喻。

塔羅牌與療癒旅程時會更為輕鬆。我們將透過七十八張塔羅牌卡，從七個能量中心蒐集資訊。

在療癒過程中，寫筆記是很重要的一環，我建議你可以找一本筆記本專門記錄。你的筆記會成為本書的延伸內容，能幫助你蒐集從每個脈輪和課題所獲得的訊息。我也會請你在筆記本中進行自由書寫、指引寫作、寫下肯定語以及找出問題解答等。我建議不要跳過任何筆記練習的部分，而是要好好坐下來、花點時間書寫，透過筆記與你跟牌卡所培養的關係，一起讓這段與脈輪對話之路更為清晰。

使用本書最好的方法就是一次處理一個脈輪，從底部開始往上走，在進行練習時建立能量、淨化並清理每個脈輪，可幫助你建立更堅強、靈活的脈輪核心。每次處理一個單元，讓你有更多發現新自我的機會。允許自己釋放舊傷痕、改變過時的信念，更重要的是，就如同所有旅程，要記得：抵達目的地的途徑沒有好壞之分。相信自己知道何時應該推進、何時應該停止；仔細聆聽、感受，並與浮現的能量對話。給自己一點時間，抗拒想要躁進的衝動。這些療癒工作沒有時間限制，而你將得到的獎品就是感覺更健康、更強大、更有自信，與自己相處起來更自在。

以七張牌的逆位牌陣評估你的脈輪

開啟塔羅療癒旅程之前，我們必須先檢視七個脈輪當前的狀態，因此要使用「七張牌逆位牌陣」——是的，你並沒有看錯，七張牌卡都必須是逆位。多年來，我發現解讀脈輪系統最精準的方法就是使用上下顛倒的牌卡，至於原因我至今也只能如此推測：這是因為脈輪是處於移動狀態，並非靜止的。解讀正位牌卡時，通常不太有變動的空間，但是逆位牌卡則不然，再加上「逆位」並非我們預期的樣貌，這些特點讓它們更能夠與不斷移動的脈輪能量同步。逆位讓它們可以在受阻、受保護或逆行的狀態下被解讀，這與脈輪傾向被解讀的方式非常相似。

請不要太執著於第一個練習要使用逆位牌卡這件事，這個牌陣中沒有「不好」的牌，它們只會告訴我們哪裡可能阻塞、哪裡可能需要更多關注，以及我們可能用什麼樣的保護措施包裹住能量中心。我和上百名客戶、學生使用過這套方法，他們一開始也都很憂慮，但是隨著更深入解讀牌卡，反而更能發覺使用逆位牌卡的神奇之處。

我們要由下往上建立這個牌陣，所以請拿起你的塔羅牌，確認牌卡都是逆位，然後抽牌並排出脈輪支柱牌陣。

你的內在脈輪支柱看起來會像這樣：

第七張牌：頂輪
第六張牌：眉心輪
第五張牌：喉輪
第四張牌：心輪
第三張牌：太陽輪
第二張牌：本我輪
第一張牌：海底輪

此時你不需要深入解析每張牌，只要寫下一些簡單的觀察或特別吸引你的事。試著不要被先入為主的解釋帶著走，而是先讓直覺引領你蒐集資訊。你可以使用平常比較少用的牌卡，這能讓你更專注於圖像，減少依賴自己平常解牌的習慣。當然，如果你觀察到的訊息與所知相符，這也很棒，只要心思別被卡住就好，讓它流動、一同玩耍。

你可以記下重複出現的數字或類別，如果牌陣中出現超過兩張宮廷牌或大阿爾克那牌，請留意，它們在後續進到該脈輪單元時可能會是重點所在。由於使用了逆位牌，如果某個脈輪抽到的牌卡不合你的預期，也可以記下自己心裡出現的想法和情緒。或許現在看起來沒道理，但是等你進入與該脈輪相關的單元時，就會非常有意義了。請你拍下牌卡的照片或是寫下來，因為接下來的單元將會用到。

謹記，這個牌組只是參考資料，我們將隨著本書挖掘更多內容。你將依序與各個脈輪合作、建立能量，也將獲得前所未見、最大量的脈輪塔羅解析。當你隨著本書的段落逐步進行時，將會擁有一份自己最終極的塔羅牌脈輪地圖。

歡迎來到塔羅療癒的世界！

1

THE
ROOT
CHAKRA

／

海底輪

在這個章節中，你將會探索七個海底輪掌管的課題。這七個課題各有一個小節，都是影響海底輪及身心靈健康的關鍵。我會請你在每一小節抽一張提示卡，並且記錄下來，因為後續還會使用到。建議你在筆記本中詳實記錄一切。章節最末會有一套海底輪專屬的塔羅療癒法，將會用到我們中間所抽的提示卡。

七個課題小節分別為：

1. 基礎（Foundation）
2. 安全（Safety）
3. 安定（Security）
4. 穩定（Stability）
5. 連結（Connection）
6. 當下（The present）
7. 物質（Material）

海底輪

海底輪的梵文為muladhara，是能量體中七個主要脈輪的第一個，位在脊椎底部，影響你的腳部、腿部、直腸、降結腸和骨骼系統。對應顏色是紅色，元素為土。這個脈輪是連接我們身體和物質世界的能量中心，不妨將它想像為位在脊椎底部發亮的小紅花，該處的能量越健康，花就會綻放得越大、越明亮，觸及最廣的範圍；能量越緩慢遲滯，它就會越黑暗、越硬、越枯萎。

海底輪在日常生活及整體生存中扮演重要角色，不僅維持你的生命，也藉此維繫你與現實社會的連結。有越多穩固生命的能量透過此連結注入，海底輪就會越強壯。海底輪是頗為重要的能量中心，決定了哪些能量流向脈輪系統的其他部分。雖然它如此重要，許多人卻忽略了，我遇過的客戶和學生中有八成的海底輪，都是處於能量阻塞、分離、遲滯或中毒的狀態。

海底輪就像是膳食纖維，大家都知道它對健康的重要性，也知道應該多吃點，才能保持腸胃功能運作正常，但就是不太吸引人，所以寧可去討論更有趣、吸睛的事物，例如蛋白質等等。

由於現代人習慣長時間久坐，海底輪課題在現代社會日益顯見。基於科技和工作環境的變遷，我們花在戶外的時間不像老祖宗或是阿公阿嬤那麼多，因為這已非生活必要。無論健身產業如何努力，我們越來越少移動下半身。大部分的人在工作時長時間坐著，連在休息時間也是坐著，運動量都不到應有的量。一份來自美國癌症協會的研究就發現，延長坐下時間與罹患致死疾病有著直接關聯，用谷歌搜尋「久坐是否正在殺死我們？」就可以看到許多文章跳出來。無論有意無意，我們都在壓榨海底輪，不讓它所需的能量流入，能量也無法流進我們的身體。比起活動身體其他部位，我們這些作家和塔羅解牌者也花更多時間在動腦和動手，這就是為何計步器會成為我的好朋友。

海底輪是我們整體脈輪系統最脆弱的能量中心，特別是在科技持續進步、讓我們的生活變得更加便利之後。

練習

第一個練習的目的是要讓我們感覺到安全、被保護、穩定，並與物質世界產生連結，置身其中，與之同步。這是我們身心靈的根基。在海底輪發生的一切都會影響到所有的能量中心，如果這裡有狀況，你其他的上方脈輪系統都會有狀況。這就是為什麼與你的海底輪開誠布公對話是非常重要的事情，而最容易的方法，就是選一張牌卡代表這個脈輪。我在處理海底輪時常常會想到錢幣國王和皇后，因為兩者都跟建立、成長和支持有關，但你的提示卡可能會不同。

在這個練習中，請拿出你的塔羅牌並將牌面向上，將牌卡攤開，看看哪一個圖像最能代表你想見到海底輪散射出的能量。不要急著選出這張牌，因為我們整個單元都會使用它，所以慢慢來，確認你選出的這張牌能承受其他脈輪系統的壓力。要確保它很強壯、穩定，能夠在最困難的時刻將你穩住，但也有足夠的彈性，隨著你的伸展、舞動和成長自由伸縮。一旦你找到了那張牌卡，請打開筆記本針對這張牌卡和海底輪進行一些自動書寫，請在進到下一節之前完成這件事。當你後續在處理七個主要課題時，可能會發現一些更深入的有趣資訊。

1. 基礎

海底輪是脈輪系統的基礎，這樣說吧：它是支撐你身體這座神殿屋頂的牆。沒人想在崎嶇不平的岩石或劣質的地基上建立神殿，因此我總是很訝異，竟然這麼少人注意自己的能量根基，他們似乎不在意它千瘡百孔、支離破碎，卻又疑惑為什麼自己的身體不能如人所願。惡劣的基礎會造就不良的建築物，它會扭曲、崩塌，最終倒下。我自己是絕對不會在如此可怕的地基上打造居所，也不會期待這種情況下能蓋出什麼能恆久穩固的建物，想像這些牆壁或屋頂坍塌，重重壓在你身上——這根本是人人亟欲避免的噩夢，但很多人卻認為用類似的方式建造自己的身體和人生是沒關係的。

為什麼我們會放任海底輪發生這種事情呢？因為我們往往相信這種事不會發生在自己身上。然而，仔細檢視你的健康和人生狀態，或許會發現許多證據證明海底輪的能量並不如以為的強壯。你的人生若不是正在順遂向前、對於自身成長與前進方向充滿自信，就是感覺阻滯不前、不安定或不穩定。做出每個決定、是否要採取行動、每一次恐懼或遲疑在你腦中盤旋時，都會清楚顯現你的基礎強弱。只要花兩分鐘聽聽他人的言論，你就能了解對方的基礎是強是弱。

我們總是在談論自己的生活狀況，所以提及生活、選擇、所處情況和自身能力時，請務必注意遣詞用字，你的基礎會受到加強或削弱都奠基於此。你所做的所有選擇，都會透過身體這面鏡子反映出來，要取得自身當前狀況的整體樣貌，遠比你以為的更容易。

練習

準備好筆記本和塔羅牌，是時候更深入探索你的基礎了。請在洗牌的同時一一讀過下述問題，接著各抽出一張牌作為你的答案。

第一張：我的基礎在哪方面需要協助？
第二張：我能如何讓基礎更強壯？
第三張：我怎麼做，才能確保我的基礎有足夠的彈性？
S：海底輪提示卡

針對每一個問題你只需要抽出一張牌，然後花點時間在筆記本裡記錄這些牌。仔細注意這裡出現什麼元素[2]的牌，這些元素非常重要。水元素可能代表你需要更多彈性（理想的基礎能量是有流動性的）；風元素可能代表你需要更頻繁地進行清理，清掉障礙物和蜘蛛網，也可能是指引你問題的所在；火元素可能意味著你需要採取更多行動；土元素則代表你需要讓基礎更扎實、強健。請記下每張卡片的一些關鍵字，保留牌卡以準備於下個步驟使用。

接下來，把這三張牌列在海底輪提示卡旁邊，這不僅是一個四張牌牌陣，還能活靈活現地展現海底輪基礎能量的樣貌。

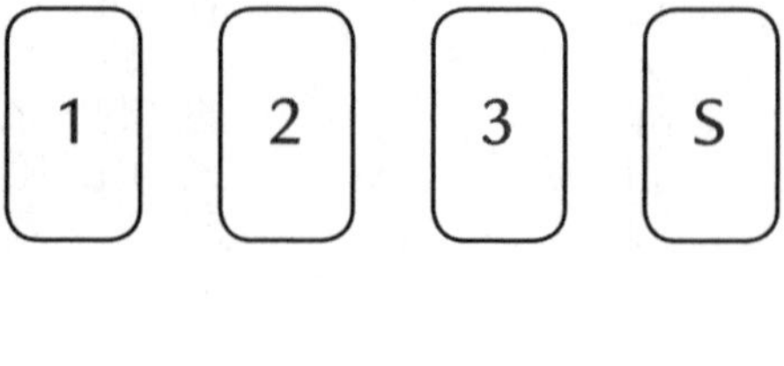

把筆記本中列出的關鍵字抓出來，開始針對這四張牌構思意圖聲明[3]。在這個練習中，請盡可能專注在卡牌的積極意象，我知道會很容易迷失在某些牌的負面意義中，但這是一個意圖聲明，所以需要的是力量、承諾和動機，如果我們專注在牌義上受限、沉重的部分時，就很難進行了。我也不是要你成為盲目樂觀的人，只是希望你可以與那些有感覺的詞彙連結——那些可以讓你邁向成長的。

讓我舉個例子，假設以錢幣皇后當作提示卡，寶劍七、錢幣三和戀人卡作為三張答案卡。我可以據此創作出一段意圖聲明，像是「我打造自己的基礎，我向地面扎根，穩定錢幣皇后的能量，然後學習只拿走我需要的部分，其他的就放手。當我與其他人一起工作時，我知道自己變得更有力量、更有自信，而且更柔韌地愛著自己原本的樣貌」或是「我試著經由合作、判斷力和自我照護，以皇后的能量為根柢，進而強化我的能量基礎」。

意圖聲明讓你可以與自己的基礎建立起語言和想像連結，這是一個很簡單的練習，但能夠有效轉移注意力，讓你變得更能覺察自己的能量基礎並非原以為的穩固。光是完成這個簡單練習，你就已經開始修復並重建海底輪，恭喜你！

最後，來挑選一張基礎提示卡吧。這張卡應該能代表你基礎能量的理想樣貌，讓你的身心靈健康能奠基於其上。想想塔羅牌中的那些跟「建構能量」涵義有關的牌卡，比如小牌中的四組王牌、侍從或是大牌中的星星牌、節制牌和教皇牌。這些牌卡所擁有的元素都能夠構成美好的基礎能量。無論

---

2. 譯註：一般而言，塔羅中錢幣牌對應土元素、聖杯牌對應水元素、寶劍牌對應風元素、權杖牌對應火元素。
3. 譯註：intention statement，常見於吸引力法則領域，指透過一段聲明來設定自己的目標或意圖。

選哪張牌，我希望你可以持續探索並且將它反轉，沒錯，頭下腳上，因為唯有在逆位的角度，你才能真正看出來基礎是否能夠支撐起來。一切在上下顛倒時看起來都不一樣了，所以請確認你的牌在逆位時能否運作順暢。

接下來拿起這張牌，並找出你在〈前言〉所抽到的「逆位海底輪支柱卡」（可回頭參考第21頁），請在筆記本寫一段這兩張牌卡所激盪出的對話。這能讓你對自己的身體、人生和當前的能量狀態有更深的了解。

在結束這個練習之前，請將兩張逆位牌加到牌卡集合中，成為一個完整的六卡牌陣，看起來會像是這樣：

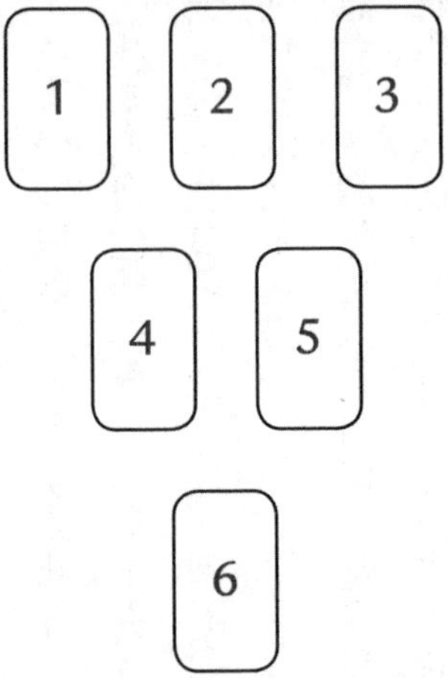

上排：回答練習開頭的問題所抽的三張牌。
中排：你的海底輪提示卡及基礎提示卡。
下排：逆位海底輪支柱卡。

這個牌陣反映出與你的基礎相關的想法、感受和信念，試著多花一些時間與這些牌相處，盡可能蒐集越多資訊越好，記下牌卡中重複出現的主題、數字、花樣和元素。這六張牌蘊含著非常豐富且有力的故事，請抱持開放的態度和心胸去接受它們。

---

2. 安全

「打或逃」的求生本能開關就位在海底輪，如果曾處於覺得不安全的情境，你就會開啟求生意志。求生指的是維繫性命，僅此而已。它讓你找到方法看見明天的太陽，但並不代表日子會很開心、富足或充滿喜悅，你就只是能夠在世界上繼續呼吸罷了。我點出這件事並不是要掃興，只是要說清楚什麼是「安全感」。我們的海底輪中有許多幻想，而安全感就是其一。我們往往認為自己知道那是什麼、感覺起來怎樣、會帶來什麼體驗，但事實是，我們絕大多數人從未老實面對「安全感」，只是對它有個很美好的想像，像是柔軟舒適的靠枕，或是把我們包起來的毛毯、一杯握在手心的熱飲，這些就像是世界上最安全的角落。

上述這些可能會讓你感覺安心，但並非「安全」。「安全」意味著活下來，而這就是你的海底輪所負責的事情，非常基本而且優先。這部分的海底輪總是在注意威脅——真的是無時無刻——所以，除非你處在攸關生死的危險中，否則即便對目前的生活一點也不滿意，你仍然還是「安全」的。

當生存本能被觸發時，海底輪會進入超高速運轉的狀態。它會超時工作，從所有脈輪擠出能量跟腎上腺素一起在你的身體中衝刺。腎上腺雖然並非直接與海底輪連接，但仍會引起反應，這就是為什麼每次當你感覺威脅已經消失、冷靜下來後，就會感到精疲力竭的原因。如果腎上腺經常被觸發，就會對你的身體造成嚴重傷害，最終導致免疫系統衰竭。過分活躍和過分低迷的海底輪會損害你的生理、心理和精神。現今我們看到越來越多人受困於恐慌發作和焦慮問題，海底輪所負責的安全議題因此開始引發關注。這些人是真心認為自己正在遭受攻擊，無法感到安全，而且覺得整個世界都在針對自己。這是非常嚴肅的問題，每個人都不可忽視。

我有很多客戶都深受恐慌發作的折磨。替海底輪進行療癒，是我們將恐慌症狀控制到一定程度之前，唯一能做的事。我們會配合他們的醫生、通常還有治療師，一同進行療程。

練習

挑選一張牌作為「安全」的提示卡，這張牌卡代表你心目中理想的安全狀態，可以是它看起來、感覺起來的樣子，或是你對安全的想法。這張牌卡建立於「基礎」之上，並代表海底輪能量的下一階段，可能的牌卡有錢幣王牌、寶劍國王、聖杯皇后、女皇牌，或是太陽牌。提示卡必須與你所認定的人生「安全」相符，因此，跟「基礎」章節不同的是，我們要讓這張卡維持在正位。

在你挑出這張卡前，請花一點時間並將整疊牌卡握在手中。想像自己很安全、受到保護地坐在一朵美麗紅色花朵中。當你在尋找代表安全的提示卡時，你的海底輪正在提供所需的一切愛的能量，以維持這種安全的感覺。一旦完成這段冥想，請將牌卡以牌面向上的狀態攤開在面前，選擇你的安全提示卡。

然後拿著這張卡，在筆記本中寫下為什麼會挑選它，這張卡的什麼地方讓你覺得安全？等你寫下所有想得到的理由，或是從塔羅書籍得到的靈感之後，請為這張卡寫下一則肯定語或是祈禱文。有時候，我會從相關主題的書籍中尋找佳句。在撰寫肯定語或祈禱文時，也請記得這段文字將會放在你經常可見的地方。

這裡有一些例句供你參考：

- 寶劍國王的存在讓我覺得很安全。
- 錢幣一請我時時提醒自己：我很安全，是受到保護和照顧的。
- 聖杯皇后讓我的情緒安定，即便在人生顛簸的時候也能感到安全。

這則肯定語或祈禱文將成為很棒的海底輪療癒修復工具。基本上一則就夠了，但如果你想多寫幾則也很歡迎。寫完之後，請將它放在一個隨時都能看到的地方，像是書桌旁邊、你的個人聖壇上，或者就直接放在桌上。

接下來讓我們拿起這張提示卡，仔細看看它是如何影響其他脈輪能量。「安全」是灌輸我們全身相當重要的能量，因此你對安全的感受程度強弱，對其他位於較高位置的脈輪有非常大的影響。所以，我們要使用這張安全提示卡，建立一組「安全脈輪支柱牌陣」。請你抽出另外六張卡片，依照下方的圖形排列，海底輪安全提示卡則是擺在底部的編號一。

第七張牌：頂輪
第六張牌：眉心輪
第五張牌：喉輪
第四張牌：心輪
第三張牌：太陽輪
第二張牌：本我輪
第一張牌：海底輪

將牌卡排列好後，觀察它們提供給你什麼資訊。這些提示卡是否能為整體的脈輪能量帶來正面影響？我們要好好閱讀這些牌卡所訴說的故事，它們會說出我們自己分別對七個脈輪感覺有多「安全」。

位在下方的牌會影響位於其上的牌，從第一張牌的提示卡開始，它會影響到第二張牌，第二張牌又會影響第三張牌，以此類推直到第七張牌。你或許會發現，有一、兩個脈輪區域出現一些問題，但是我不希望你在看到那些牌義好像不太妙的牌卡時感到驚慌失措。這些牌卡提供的資訊，是在揭露該脈輪針對安全問題所展現的反應，或是如何處理與安全相關的課題。所以，面對那些看起來很恐怖、或令人反感的牌卡時，請溫柔以待。要知道，沒有所謂的「不好的牌」，只有需要學習的課題、需要清理的能量，以及仍需要細心療癒的傷口。花一點時間順過牌陣中的卡片，個別與它們進行冥想，讓牌卡的訊息坦然向你開展。

3. 安定

我知道對有些人來說，安定就跟安全是同一件事，但並非如此。「安定」的意思是：你的基礎需求已經被滿足而且無需擔憂。和安全不同的地方在於，「安全」

是跟生命的存亡相關，但「安定」是指生活中必須的基本物質需求。這代表你已經有安身之地、衣食無虞，擁有一切生存所需。

如果讀過《蘋果橘子經濟學》或它的改編電影，你就會知道，在財務道路上，「安定」是在非常初期就必須擁有的事情。你也會很訝異地發現，其實只需要比想像中少的金錢就可以解決這個海底輪中最大的問題——通常只需要美金五千元至一萬五千元（約新台幣十五萬至四十萬）。請記得，我們在講的是活下來的「最低」需求：有個地方住、有東西可以果腹。

非常重要的是，海底輪只會在感知到這些事情沒有被滿足的時候，才會被觸發。因此，你對「安定」的認知將成為海底輪是否會被觸發的決定性因素。不妨快速抽一張牌看看你當前的認知為何，抽完後請先留著它，不要放回牌堆裡，這個章節的後續還會用到它。

當今社會中，我們在條列出維持生活「安定」所不可或缺的事物時，已經很習慣跳過所有真正的「基本需求」。清單上大部分的事物對於海底輪的原始設定來說，排序都不是最優先的，這也表示我們為了這些額外的需求，正試圖重新設定海底輪，以獲得符合我們期望的滿足感。這很麻煩，因為等於我們現在直接將「安定」課題與「小我」的領域連結，而小我從未獲得滿足，總是覺得自己被低估而且受到攻擊。

為了讓海底輪這個部分的功能好好運作，我們必須回到根本。與小我展開一場誠實的對話，討論到底哪些東西是生活必備的、哪些只是為了讓小我開心。例如你可能會告訴自己，只要存到十萬美元、償還所有債務、健康狀況完美無瑕、找到夢中情人或達成其他目標之後，就會感到安定了。然而這些都是小我的需求，跟海底輪的安定是沒有直接連結的。缺乏這些自認是「必須的事物」會阻礙海底輪的能量流動，你的能量將會因為這些無止境的需求清單而減緩速度、甚至停滯。緩慢停滯的能量中心意味著你的身體和心靈也會同樣感到緩慢和停滯，最終會轉變為某種形式的抑鬱或是持續不斷的憂鬱情緒。

練習

在這個奮力追求幸福、快樂和喜悅的社會，或許是時候重新檢視我們「想要」和「實際需要」的事物為何。拿起塔羅牌、洗牌、面朝下扇開牌卡，現在就來仔細看看自己的「安定」能量究竟怎麼了，以及對海底輪產生什麼影響。在這個牌陣中，你將會抽出四張牌，放置於逆位海底輪支柱卡四周。你的牌卡放置方式如下圖所示：

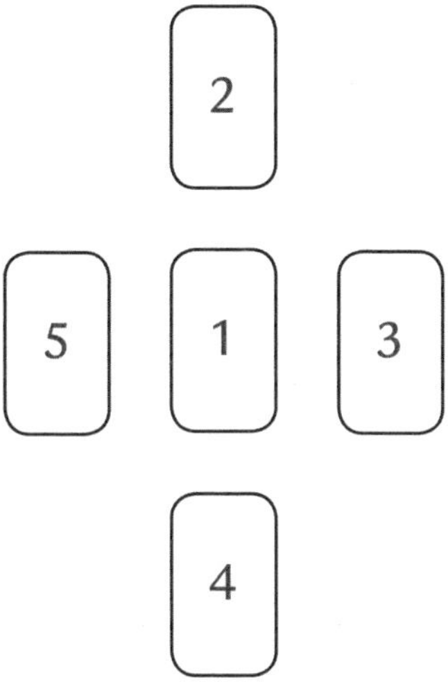

第一張牌：逆位海底輪支柱卡

第二張牌：情緒安定

第三張牌：財務安定

第四張牌：心理安定

第五張牌：生理安定

現在，各種面向的安定已經在牌陣中展現，它們講述了一個什麼樣的故事？又是如何跟逆位海底輪支柱卡連結的？在這個牌陣中，需要注意的是逆位牌、宮廷牌（可能代表你如何看待自己或是需要如何看待自己），以及大阿爾克那牌（替安定課題提供宏觀的視野）。請花時間寫牌卡筆記，若你已經絞盡腦汁了，可以參考喜歡的塔羅書籍，更深入挖掘下去。

再來，看看我們能否把目前所蒐集到的訊息整合在一起。請拿起你在「安定」這一節最開始所抽出的，代表你個人當下對安定有什麼認知的那張牌，把它放在逆位海底輪支柱卡旁邊，然後加上前一節的基礎提示卡。現在你面前已經有三張牌，接著請選出一張安定提示卡——有別於隨機抽出的牌卡，這張是你悉心挑選的。請仔細瀏覽牌面上的圖像，選出想要代表「安定」的那張牌，然後將它放在基礎提示卡旁邊，這樣面前會有四張牌：

第一張牌：安定認知卡

第二張牌：逆位海底輪支柱卡

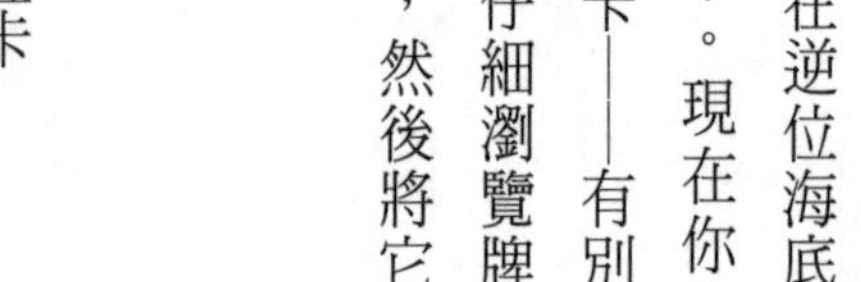

第三張牌：基礎提示卡
第四張牌：安定提示卡

這四張牌是海底輪所有運行的能量的快照，它們可能正在療癒淨化你，也可能需要受到培養、擴展或清理。如果隨機抽取的安定認知卡，跟你挑選的安定提示卡之間相互矛盾，這表示你有極需療癒的課題。如果兩者的訊息很雷同，則表示得透過冥想的方式，更深入挖掘背後潛藏的隱微訊息。

我建議你與這四張牌卡進行一段觀想過程。請將它們放在聖壇上（如果你有的話），或者放在書架上層也非常可行。

點燃一顆圓形小蠟燭，並拿出你最愛的海底輪專用水晶，單純專注在自己的呼吸，確保空氣有深深吸進脊椎底部。當你呼吸時，凝視這些牌卡，讓它們成為唯一焦點，然後慢慢將目光分別放到這四張牌上，注意它們的顏色、形狀和圖案。花一點時間，讓內在任何必須浮現的事物湧出。請不要壓抑，而是藉由呼吸將它們從海底輪釋放出來，想像你的呼吸將這一切從脊椎的最底部推出來。如果想添加一些療癒能量，可以將手掌放在腿上，在每一次吐氣時，輕輕把呼出來的空氣向外撥離身體。持續這個動作，直到你覺得已經清理了當下需要清理的一切；請相信直覺，你會知道何時已經完成。

感覺練習已經完成而且整個人放鬆下來之後，就可以結束這段觀想了。如果你想要的話，可以讓蠟燭繼續燃燒，否則直接吹熄就好。如果產生強烈想要記錄這趟觀想的衝動，就行動吧！你蒐集到的訊息越多，就越能療癒、重新校準你的海底輪能量。

4. 穩定

你應該很好奇，不是已經談過這個題目了？穩定跟安全、安定乍看很像，但其實是全然不同的一件事。它是一股核心的力量，對生命來說至關重要，就像是把我們牢牢綁在一顆石頭上，但同時又能像竹子一樣擁有彈性。也可以說，穩定跟力量、耐心、決心和意志力更相關。前面的三個課題，都是在建立穩定的基礎。我們已經鋪好基礎、確認自己很安全，並且檢視了生活中可能的風險，現在我們準備好更深入探詢、並讓海底輪能量扎根進入核心。

如果沒有先照顧好前三個課題，人生是絕對不可能穩定的。海底輪各個課題之間的差異可能看似微小，但其實事關重大。

你可能認為自己既然已經對基礎有所了解，也非常滿意當前的安全、安定程度，還有什麼好擔心的。但如果你突然生重病或是丟了工作呢？在這種時候，你的生活感覺起來會有多穩定？每當人生對我們丟了一顆變化球的時候，大部分的人都無法好好應對，我們時不時會動搖，是人都會如此。穩定是個幻象，生活中只要有一絲絲的起伏，就會讓我們看到這其實只是幻覺。請回想上一次覺得自己的人生被全盤顛覆的時候，你是否還記得那種感覺？是不是覺得生活像是一匹脫韁野馬、失去掌控？是否自然地任憑小我將你推入受害者的角色？還是說，你感受到了能量的不穩定，但不允許它影響自己脫離軌道？

你看，這就是真正的穩定：無論在人生道路上遇到什麼風雨，都可以讓我們繼續向前。然而，這不代表你的人生不曾有過「高塔」那樣崩塌傾頹的時刻，或是「聖杯五」那樣必須給自己略帶可悲卻又必要的小小安慰；穩定指的是你不會在此流連不前。

如果穩定有正常運作，你可以感受到體內每一刻的能量以及浮現的任何傷痛，但是不會讓它影響你對自己的看法、努力的方向或正在做的事情。事實上，當內在具備堅韌的穩定性時，你或許會在事情失控的時候發現潛藏的祝福，你會將之視為自我成長和擴展視野的必經之路。

練習

你希望內在核心看起來、感覺起來如何呢？

試著思考它在人生最艱難的時刻，可能必須做出的屈服、退讓或變通，同時想想你希望它能怎麼樣成為海底輪其他能量的延伸。能納入考慮的牌卡有聖杯十、錢幣十、權杖一，以及理所當然的力量牌，一旦你選好了牌卡，請將它放成逆位。沒錯，就像在〈基礎〉一節做的那樣。如此一來，這張穩定提示卡應該要能向你展現，它在逆位時跟正位一樣強大。接著把這張牌保留在一邊，我們會在後續的穩定牌陣中用到它。

請把大阿爾克那牌從牌堆中挑出來，然後將小阿爾克那牌分成權杖、聖杯、寶劍、錢幣四堆。將聖杯牌組好好洗牌，以牌面向下的狀態攤開牌卡，挑出一張，這張牌代表著你當下的情緒穩定性，以及你如何處理情緒所引發的狀況。接著換寶劍牌組，重複上述的步驟，抽出一張牌卡，它代表你當前的心理狀態，以及無論四周發生了什麼事情，你多能夠集中精神、釐清思緒、專注於眼前的任務。再來是權杖牌組，抽出的這張牌代表靈性信念，顯示你認為這個宇宙／神是跟你合作、還是在與你對抗。最後是錢幣牌組，這張牌代表你覺得身邊的物質世界有多穩定——你是控制自己世界的人、還是任由世界控制你？

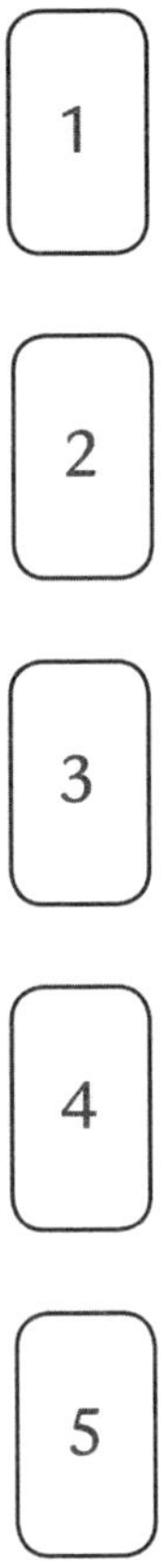

第一張牌：穩定提示卡
第二張牌：情緒穩定性
第三張牌：心理穩定性
第四張牌：靈性穩定性
第五張牌：物質穩定性

仔細看看這個牌陣，你的「穩定」概念是如何呢？對於所見，你是覺得很滿意，還是很訝異？要記得，這只是當前在你海底輪運行的能量快照，並非恆久的能量，也不是無法改變的。如果看到一些令人痛苦或不舒服的牌，要知道，這就是你在冥想及進行能量療癒時可以探索的內容。不妨考慮使用小型水晶來調校這些卡片的能量，提醒自己，這些小角落還需要療癒和清理。

為這五張牌卡寫筆記，探索更多深層的牌義。請認真挖掘牌卡的意義並參閱讀其他的塔羅書籍，以得到更多洞見。讓你的書寫和研究聚焦於「穩定」這個主題，不要迷失在不相關的資訊黑洞中。

寫完筆記之後，可以把你覺得不舒服的牌卡放在聖壇上，跟用來調校其能量的水晶礦石放在一起，然後點燃一枝蠟燭，想像你的海底輪之花在身體深處綻放。將牌卡上的圖案、隨之而來的痛苦和擔憂感受，配合呼吸吸入體內，然後吐氣時把這些感受全都排出。請有意識地帶著療癒目的，想像它們隨著每一次的吐氣離開你的身體。等覺得已經盡可能把全部的感受都吐出來後，深呼吸、讓海底輪之花釋放愛的能量到脊椎最底部的根基，然後一路往上從背部升到頭頂。當感覺到這股安全、穩定的能量沿著脊椎上下移動時，可以輕輕微笑，這會讓你覺得強壯、有自信而且堅忍不拔。

當你完成了這個想像步驟後，將卡片放回塔羅牌堆中，並吹熄蠟燭。如果你曾用水晶礦石一同調校牌卡，請放在口袋中隨身攜帶，因為它們已經吸收了穩定的能量。你現在已經準備好往下個階段前進。

5. 連結

你可能聽過或說過「我覺得有很深的連結」或是「我覺得很疏離」。各位親愛的塔羅療癒者，這就是海底輪的語言。我們對於人、地、經驗的連結深淺，是取決於我們的身體與整個世界的連結程度。開心、愉悅、認真生活的人常常有連結感，無論是針對自己的目標、社群或直系親人。這種連結來自於他們跟自己、對自我的定義和存在意義有著深層聯繫。至於常感到疏離的人，往往會感覺迷惘、失落、無所適從，或是被遺忘。他們感受不到自己與周遭的連結，而且常常對自己處在這身皮囊中感到非常不自在。

你很可能曾在人生的某個環節，分別體驗過這兩種感受，我自己就是。而且老實說，我感到不自在的時間比自在的時間還要多，對我而言，年歲的累積確實有幫助，隨著時光流逝，我更能夠與自我意識以及與整體世界的連結同步。所以請撐著點，別灰心，有時候我們需要一點年紀，才能跨出那一步。

我們生下來就有連結的需求。還是嬰兒的時候，為求生存下去，我們天生就內建了與母親連結的需求。從呱呱墜地的那一刻起，我們就需要感覺到接觸、愛和支持，這是人類最主要的核心需求之一，但我們並非都能完全取得滿足，這會讓海底輪在非常早期的階段就受到嚴重損傷。這當然不是完全無法修復，但需要持續不斷的努力直到完成為止。

這股產生連結的感受，並不單純只是人類的生存需求，它也是我們最重要的精神需求。從人類進化成今日的樣貌以來，我們一直在尋求更偉大的事物，例如神、女神或神聖力量，並且認為是這些力量造就了我們，並以某種形式與我們相連結。因此，我們在海底輪和頂輪中，各有一個連結點並非巧合。從許多層面而言，我們對連結的需求是渴望擁有歸屬的一部分，對有些人來說，他們並不特別挑剔要從哪裡獲得歸屬感。

如同大部分海底輪的課題，連結（或是需要歸屬感），是無法光靠外在發生的。然而，許多有著疏離感的人，會熱切地從外在事物追尋這種感受，可能會投身於宗教、性愛、藥物等各種事物。海底輪的「連結」中心，在乎的是這具身體存在於世界上有沒有意義。你之所以現在處在你的身體裡，以體驗到現在的一切經歷，都是有原因的。身體與這個現實世界的連結也是有緣由的。只要我們的連結感越強，就越能與外在世界連結，在能量工作中，這稱之為「接地」或「扎根」。讓我們持續扎根並錨定於現實世界，就是海底輪中的連結點所負責，而連結的關鍵在於我們的內在感受，而非從外在世界找到什麼。
那麼，你的連結點狀況如何呢？你身體扎根於世界的狀況又是如何呢？

練習

拿出你的塔羅牌，洗牌後握在手中幾秒鐘，準備選出海底輪的連結提示卡。閉上你的眼睛，好好做一次深呼吸，然後聚焦於「連結」這個詞彙，看著這兩個字浮現在你的心中。等到能清楚完整看見這兩個字之後，將牌面朝下攤開，抽出一張牌。接著，請看看這張牌是不是逆位，如果選到的牌卡是正位，請把它上下顛倒；如果是逆位，請保持原樣，因為我們將從「保護」的角度進行觀察，與這張牌卡進行一些療癒工作。

這張牌同時顯現你當前的「連結」和「疏離」兩種狀態。從「保護」的觀點來看，你的哪個部分正受到保護呢？抽到水元素代表情緒、土元素代表健康、風元素代表思想，而火元素代表信念。還是，你抽到的是一張大阿爾克那牌？如果是這樣，課題就更深層了。

花一點時間仔細觀察這張卡，當然，是要在逆位的狀態。請特別注意現在位於牌卡上方、但正位時是在下方的圖像；把牌卡顛倒的一個原因，就是想要發現我們可能一直都忽略的事情。現在位在牌卡上方的，都是你尚未注意到的事物，它是你連接渠道的一個點，現在被打了一個結，因此需要你的注意，好協助打通渠道，讓一切再度順暢流動與行進。

拿出筆記本並開始寫下關於這張牌卡的一切，以及你覺得它與「連結」和「疏離」有何關聯。建議你在紙上畫出兩個欄位，其中一欄是「連結」，另一欄則是「疏離」。用牌卡的關鍵字填滿這兩個欄位，請先根據你的直覺和第一眼能看到的東西開始。

或許你會覺得逆位的牌卡本身就創造出疏離的感受，這樣的話，請在「疏離」的那一欄寫下「牌上的角色在空中頭下腳上」。如果你無法想出更多關鍵字時，請尋求其他塔羅書籍的協助，好好探索這張牌卡，找出與「連結」及「疏離」相關的詞彙。這個關鍵字清單在針對這個課題進行能量工作時非常有用。如果你最後覺得實在寫不出任何東西了，請將剛剛選出的牌放在正前方，然後拿起塔羅牌堆並再洗一次牌，針對下列問題各抽出一張牌卡，並以正位的形式照著圖示排列：

（RXS：逆位連結提示卡）

第一張牌：我可以做什麼，讓自己跟身體更有連結？

第二張牌：我可以做什麼，讓自己跟家庭更有連結？

第三張牌：我可以做什麼，讓自己跟社群更有連結？

第四張牌：當覺得疏離時，我可以做什麼以幫助自己恢復歸屬感？

對於目前海底輪中的「連結」和「疏離」的能量狀況，透過這四張正位狀態牌卡和逆位的連結提示卡，你可以獲得更全面的訊息。要持續留心的是，這是可以、而且會改變的，但目前這五張牌卡提供了豐沛的資訊量，所以請慢慢來，不要著急。

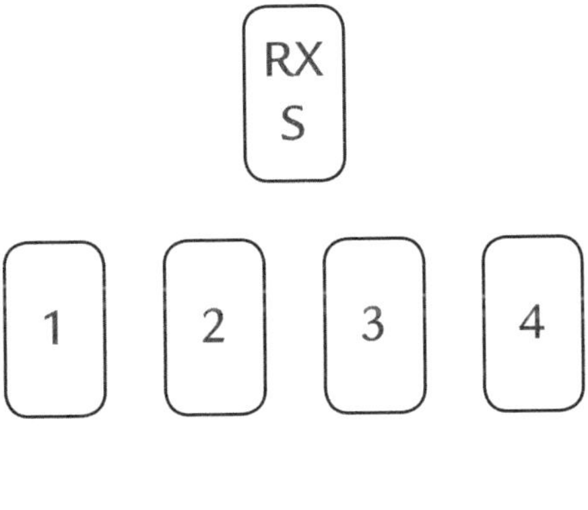

請坐下來練習分別與五張牌進行冥想。想像這張牌在你的海底輪裡面，四周圍繞著紅色的光和生長中的樹根，這些樹根蔓延開來並相互連結。在這些樹根裡看到你寫過的關鍵字，它們向外拓展並深深扎進地底，讓你安穩錨定在現實世界中，讓大地的能量透過樹根流回來，使你的身體充滿能量。感覺到能量沿著你的脊椎往上移動，讓你感覺更強壯、安穩和連結。

結束了與這些牌卡的冥想之後，請回到筆記，看看你之前針對連結提示卡所寫的內容，看法感想是否有改變。如果沒有也完全沒關係，這只是代表你可能需要多做幾次練習，去觀察或感受變化。如果有，請仔細寫下你的想法以及原因，再繼續本單元的下一個段落。

6. 當下

海底輪處理的是現在——不是過去、不是未來，就是此時此刻。仔細想想所有這個脈輪負責的議題，會發覺都與當下圍繞著它的能量有關，原因正是如此。這是療癒修復海底輪的其中一個關鍵，因為你絕對可以改變自己當下的想法、感受或反應。你可以自問此時此刻是否感到安全、是否感到安定、是否感到穩定、是否感受到連結，就是在你每一次呼吸的當下。

再次提醒，海底輪並不處理過去，也無法看到未來，這對你我來說都是令人感到自由暢快的重要一課。**提醒自己活在當下，會對海底輪有所助益，我們也要提醒自己，活在當下可以幫助我們感到安全、幫助我們與身體與四周的世界產生連結，並讓我們有能力繼續向前、成長。**

然而，如今要活在當下似乎比以往更加困難。我們生活在一個令人難以專注的世界，不斷被要求回答關於過去的問題、為未來擬定計畫。無論怎麼做，總會有某個人事物試圖打斷我們專注在眼前的事務。你有多少次在親自開車抵達目的地之後，卻對自己是如何抵達沒有印象，或是對時間如何流逝感到記憶模糊？這表示，你在旅程期間失去了與當下的連結，並讓注意力轉移到未來或過去，甚至是跑到了另一個全然不同的時空。開車是一件我們及他人的性命掌握在「專注當下」的事情，我們必須扎根、穩當地執行這項工作。可惜的是很多人無法做到，偏偏我們時不時就必須提醒自己將注意力放在路況上。

說到這裡，有些比較熟悉脈輪的讀者可能會認為，這並非海底輪的課題，而是更高位脈輪負責的內容。但我認為，就是因為「當下」這個議題與自我覺察有關，才不應該等到眉心輪或頂輪時進行討論。這是很常見的誤解，也是許多人在打開第三隻眼、與直覺連結，希望能擴展並培養自己的覺醒意識時，感到舉步維艱的原因之一。如果無法在海底輪就完成修正，你就無法繼續在脈輪支柱往上推進。根部是一切的起源，是所有能量的發源地，我們從海底輪汲取成長的能量，但前提是這裡必須要有能量。你無法種植一棵不曾出現過的種子，不信的話你可以試試看。

練習

塔羅牌中的王牌常被視為種子牌，是最適合作為海底輪當下能量所需的提示卡。每一張王牌都能給予覺察方面的洞見，當我們在處理某個物質、情緒、精神和心理課題時，它們都會提醒我們。如果你知道如何種植這顆種子，王牌也會讓我們看到可能性，未來可能會發生的事情。「當下」也是一樣，王牌會向我們展示「現在」什麼是可能的——不是未來的可能性（因為這是屬於未來），也不是過去的狀態（因為這是屬於過去），而是如果我們可以專注並聚焦於此時此刻，有機會出現的結果。

請把四張王牌從牌堆中抽出來，牌面朝上排成一列，其中一張就會是你的當下提示卡。或許你直覺知道自己想要種下什麼樣的種子，如果是這樣，可以直接選出你要的卡片、並把其他三張卡放到一旁。如果還不知道自己需要怎樣的種子，請好好地做一次深呼吸，把一隻手放在你的心上，大聲說出這個問題：「今天我的海底輪需要種下哪一顆種子？」然後，將這隻手放到四張牌上，看看哪張牌會給你回應，可能是手指上一陣麻、手心出現一陣熱或一陣冷。其中一張牌正在回應你的問題，請讓自己保持開放，讓那張牌回應，即便那是一個非常安靜、隱微的回應。

一旦找出你的提示卡後，請開始寫下筆記，探索更多的可能性。將這張提示卡想成來自宇宙的一個媒介，它正在跟你說：「如果你願意做這個功課，這就是我能提供的服務。」撰寫筆記時，請想像自己正在對這個服務給予正面回應，看看是否能在種下這顆種子的同時，將實際的行動步驟進行視覺化。請寫下你將如何為這顆種子準備土壤，這顆種子會需要怎樣的營養和水分澆灌。請記得，不要讓「未來」這個概念綁住這顆種子，專注於當下發生的事情就好，以及專注當下之後，會對你的時間、能量、健康，甚至是存款有何影響。

這張提示卡只是提供內容，並不代表結果。當你已經寫下直覺想到的一切，請再參考其他塔羅書籍，看看可以蒐集到多少與種子和當下相關的資訊。然後，輕鬆地閉上雙眼、看著自己將種子深深種植到土壤中，結束這個章節。恭喜你！你已經在當下種了一顆對未來的自己有益的種子了。

7. 物質

我青少女時代是聽瑪丹娜的歌長大的，年紀跟我差不多的女生應該都知道〈拜金女郎〉。如果你沒聽過，請搜尋「Material Girl by Madonna」（拜金女郎─瑪丹娜）。沒錯，這首歌非常俗氣而且不成熟，但請讓它成為這個章節的主題曲，你的海底輪會愛死它的。

無論你承不承認，我們確實活在物質世界中，其中也包含我們自己。許多人對海底輪最大的誤會，就是認為這個能量中心有感覺，但其實並沒有，就算是在處理道德倫理議題時也沒有。這是一個關於基礎、原始、生存的脈輪，唯一的工作就是處理你基礎生活的需求，而物質就是其中一部分。海底輪也不會處理罪惡感或羞恥心，雖然我們常會把這些感覺投射到物質上，下一章會探索更多與慾望和歡愉有關的內容。但是對海底輪來說，事情非常單純，根本沒有那麼多內心小劇場。

你需要食物、水和居所，這些都不是免費的，至少在世界上大部分的地方都是如此，所以我們必須透過某些方法付出。這就是金錢偷偷潛入海底輪刷存在感的時刻，金錢是我們當前的貨幣，也是我們支付基本生活必須的方式。有些東西你或許可以以物易物，但不是全行得通。金錢維繫世界轉動，我們不需要喜歡這件事情，也不需要樂在其中，但我們確實需要接受這個事實：在人類社會當前的時間軸上，金錢是海底輪的必需品。雖然並不是所有東西都需要金錢才能取得，但金錢某種程度上在創造物品時有一定的戲分，意思是，我們在處理與物質世界相關的議題時，就必須處理金錢問題。這就是為什麼瑪丹娜知道她必須成為拜金女郎。我知道這個例子很世俗，但你絕對不會忘記。

練習

我們與金錢的關係會影響海底輪的健康，將來也會逐漸影響身體健康。健康和金錢是相關的，就如同你在錢幣牌組所見。錢幣牌組幾乎只處理我們生活中的金錢面，這個牌組展現了我們如何使用五感，以及如何在物質世界中找到軌道。這組牌有時候真的只會反映金錢議題，但其他時候，傳統的錢幣組合反映的是個綜合體，混合了一個人的健康、整體福祉以及他和物質世界的複雜關係。在這個練習中，我們只會使用錢幣牌組，所以請將這組牌從牌堆中拿出來，把其他牌放到旁邊。

首先，我們要用直覺抽出一張物質提示卡。請將錢幣牌組洗牌後，面朝下攤開。將手放在你的心臟上，好好做一次深呼吸，然後大聲說出下述問題：「我目前是如何與物質世界互動的？」將你的手從胸口輕輕移到面前覆蓋的牌卡上，直到其中一張牌回應你，可能是一陣痲、一陣熱或一陣寒意。請敞開心胸接受答案，找到那張卡之後請將它翻開。

如果你選到一張宮廷牌，代表當前互動關係所處的階段。如果你選到了侍衛，代表正處在初始階段；騎士代表你仍在學習如何合作；皇后代表你已經找到力量、並在學習如何協調這段關係，以保持平衡公正；國王代表你非常了解在這個複雜關係中所扮演的角色。

如果你選到數字卡，將清楚地了解你與物質世界關係中所蘊含的能量為何。如果選到王牌，你眼中的世界很可能等待被探索、充滿可能性。錢幣二可能代表你總在掙扎、努力使自己收支平衡，錢幣三代表你知道大家共聚一堂，各自在物質世界中扮演著非常獨特的角色。錢幣四則是提醒我們很容易感覺不滿足，必須握緊可得的一切；錢幣五則諭示我們若與他人隔絕並試圖獨自前進，會有什麼後果。錢幣六代表理解物質世界有其流動的方式，來回循環。錢幣七代表每個人都有屬於自己的收割時節，你也不例外。錢幣八討論的就是辛勤工作，物質世界可能會提供機會，但是你認為自己必須努力才能讓機會誕生。錢幣九有安全和安定的感受，向我們展示物質生活所能提供的一切，但前提是我們不會過分沉溺於此。最後，錢幣十提醒我們一直都擁有足夠的空間，當我們了解一切實為一體時，我們都會非常富足。

你的關係是如何呢？還需要一點努力？抑或是你已經與物質的自我相處融洽？

接下來又到了筆記時間，請先用直覺書寫，然後再藉由塔羅書籍的幫助挖掘更深的資訊。如果你的物質提示卡感覺帶有侷限和緊繃，像是錢幣二、錢幣四和錢幣五，試著探索若讓這個信念和能量從海底輪釋放會發生什麼事。寫下你從緊繃的姿勢解放時，身體有什麼感受。無論你今天抽到什麼牌，要知道能量不會停滯在此，所以不要覺得灰心，特別是當你抽到一張自己覺得不滿意的牌卡時。

沒有什麼是永遠的——你不會，我也不會，你剛剛翻開的卡也不會。請了解它只和「當下」有關，而且是為了療癒你而來，因為你正非常勇敢地閱讀一本療癒書。一旦你完成了這張牌卡的筆記撰寫，請將它和其他你在本單元抽到的提示卡放在一起，因為你在後續的塔羅療癒會用到這些牌。

海底輪塔羅療癒

現在，你已經依序處理過第一個脈輪的七個重要課題，是時候針對你所挖掘出的內容進行能量療癒了，它們都是為了被清理和淨化而浮現出來的。請將本單元提過的提示卡找出來，然後將你的海底輪提示卡放在面前，它是海底輪療癒曼陀羅牌陣的中心牌。

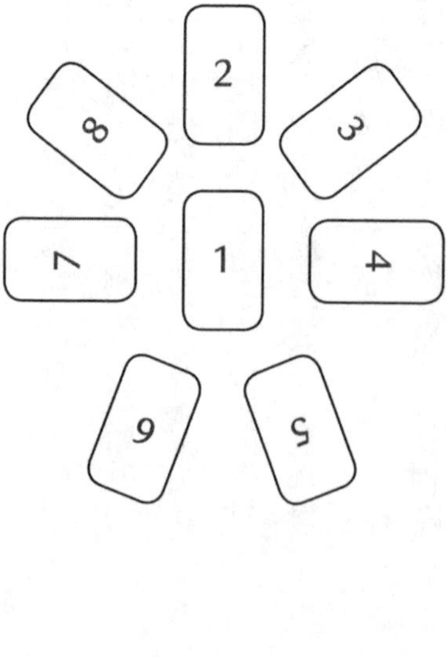

你的牌卡排列如下：

第一張牌：海底輪提示卡
第二張牌：基礎提示卡
第三張牌：安全提示卡
第四張牌：安定提示卡
第五張牌：穩定提示卡

第六張牌：連結提示卡
第七張牌：當下提示卡
第八張牌：物質提示卡

中心牌代表在其他牌卡間來回流動的能量，就像是一縷美麗的紅色煙霧，開始啟動四周的牌卡。接下來要進行視覺化的療癒步驟，請將你的雙手放在牌卡上，同時依照海底輪提示卡四周牌卡的順序，念出下述肯定語。這個塔羅曼陀羅牌陣會幫助你的能量療癒過程更穩定，並讓你得以更深入。肯定語如下：

第二張牌：我的基礎穩固。
第三張牌：我的人生每個環節都很安全。
第四張牌：我對於自己是誰和身在此地的原因感到安定。
第五張牌：我很穩定、堅強、無法動搖。
第六張牌：我深深與現實世界連結。
第七張牌：我讓自己活在當下。
第八張牌：我是物質世界中的物質個體。

請找到一個舒適且安靜的地方，確保自己能不被打擾二十分鐘。將你的曼陀羅牌陣放在可見之處，然後輕輕搓揉掌心並專注在呼吸。搓揉掌心四十秒以啟動掌心的能量中心，你可能會覺得手心有一些熱度，這是很好的事情。現在，將雙手放在膝蓋上，並專注在呼吸，從鼻子吸氣，感受氣息衝擊你的喉嚨、充滿肺部，注意肚子的擴張。當你從嘴巴吐氣時，感覺氣息離開身體，留意腹部凹陷。

等到呼吸變得自然而然，請把注意力放到牌卡上，從中心牌、也就是海底輪提示卡開始。想像紅色的煙霧緩緩從卡片升起，圍繞著塔羅曼陀羅牌陣。每次呼氣時，這縷煙霧就會綿延得更長、更遠。這樣坐著幾分鐘，只要繼續認真呼吸並將手維持在膝蓋上，感受你胸口的起落，想像這縷煙霧般的紅色能量滲透到牌陣。

當你覺得準備好的時候，雙手請移到牌陣上，並在大聲念出各張牌的肯定語時，依序將雙手移動到對應的牌上。請重複念這個清單三次。結束時，請放鬆並專注在呼吸，將雙手放回膝蓋上。當你吸氣時，感受煙霧般的紅色能量從鼻子進入身體，衝擊喉嚨後方、充滿肺部，然後一路往下，注入脊椎底部的海底輪。吸氣的時候請放輕鬆，讓能量可以好好淨化、清理海底輪，並將你肯定語植入其中。當你覺得療癒儀式完成後，移開雙手並正常呼吸三十到四十秒，感謝你的牌卡以及自己所做的一切。

你可以在任何想要的時候重複這個簡單的塔羅療癒療程，如果能記錄這個療程給你的感受、或任何在療程中得到的啟示，就再好也不過了。當你知道的越多、詢問的越多，能夠療癒的就越多。

2

THE SACRAL CHAKRA

／

本我輪

本章中，你將會持續推進並探索七個本我輪處理的課題。這七個課題都擁有專屬的小節，你也將會依序選出七張提示卡，就如同上一章那樣。章節最末同樣會進行本我輪專屬的塔羅療癒，這些提示卡將會派上用場。

七個課題小節分別為：

1. 創意（Creativity）
2. 誕生與重生（Birth and Rebirth）
3. 悲傷（Grief）
4. 慾望（Desire）
5. 記憶（Memory）
6. 歡愉（Pleasure）
7. 過去（The Past）

本我輪

本我輪的梵文為svadhishthana，也稱為脾輪，是第二個脈輪。它位在骨盆附近，影響你的生殖系統、臀部、膀胱、腎臟和整個淋巴系統。從能量的角度來說，這是情緒的所在地，所以第二脈輪就是情緒的控制核心，也掌管身體的水分及肌膚之下各種液體的流動。

很明顯地，多數人都在這個脈輪上有許多複雜且深層的問題，只有極少數人能夠精通掌握情緒之道。我知道自己就沒辦法，而且我已經花超過十年在處理自己的情緒本體。如果人人都是脾氣好、情緒穩定的人，那麼布芮尼・布朗、安・拉莫特等勵志作家，還有整個心理勵志、身心靈產業都可以收攤了。一般來說，即便我們都是情緒化的動物，但人類非常不擅長處理情緒。身而為人，任何與我們有關的事情都是種情緒體驗，因此在這個脈輪所學到的功課極為重要。然而，跟海底輪一樣，許多人都忽略這個脈輪、急著往上接觸最頂端的脈輪。但你知道不該這樣的，對吧？你必須慢慢來，一步一步打造好內在能量、習得韌性、找到自己的恆毅力，一次處理一個脈輪。

讓我單刀直入地講明，第二脈輪要處理的是頗為深層、黑暗的垃圾堆，這裡是生命的起源、也是生命的盡頭。我們會在這個脈輪同時處理生與死，也會觸發所有情緒的開關。在第二脈輪，我們會決定要留下什麼與我們生死與共、什麼將會被推進到下一個脈輪，以及如何與自己的陰暗面（shadow side）交涉。

「陰影」(shadow) 一詞最早是被心理學家榮格，用來解釋被我們排拒或分離的部分，我們傾向去否認和感覺它們，因為這與我們所認知的自己不相符。陰影涵蓋的並不只有我們的負面特質，就連那些可以讓生活更美好的正面特質也可能包含在內——聽起來似乎很沒道理，但我們真的會這麼做。我們從不允許任何與自我印象不符的部分從陰暗面中出現，而這些深層的工作都是在第二脈輪處理的。

我完全理解為什麼大家想要跳過這個脈輪，因為這裡跟輕鬆、舒適一點關連都沒有，反而必須面對一些非常艱難的議題。我想提醒的是，如果你這輩子已經花太多時間在逃避自己的黑暗面，或不想看到被本我輪照映出來的殘忍事實，很有可能會在這裡遇到阻礙。然而，也因為與這個脈輪進行療癒的過程中，可能時不時會覺得自己快要溺斃了，所以我們會開始學習善待自己。

在處理第二脈輪的課題時可能會充滿困難，我們必須學著像善待他人那樣，把滋養的能量也灌注到自己身上。我們必須學習並了解第二脈輪中豐沛的情緒之流，雖然它們是不受控制的，但是我們將學會如何駕馭並指引情緒。不過，要達成這個目標，過程中你可能會受到負面記憶的強烈衝擊，或是被拋入滔天的情緒巨浪。

練習

在你穿好蛙鞋、戴好潛水鏡，準備要深探本單元前，需要先找出本我輪提示卡。請將所有牌卡全數攤開向上，確定每一張都是逆位狀態，接著認真進行挑選。這張卡必須帶有以下元素：力量、彈性和流動性，還要能夠頭下腳上。建議的牌卡有節制牌、星星牌、月亮牌、審判牌、聖杯皇后及國王、權杖二和寶劍六。

一旦選出提示卡，請你花一點時間將它與本我輪連結。將這張牌卡放在視線前方（記得要呈逆位），一隻手放在骨盆較低處，這裡就是本我輪所在的位置，好好做幾次深呼吸，想像一道橘色的光線從指尖出現，圍繞住你的牌卡。維持這樣的狀態兩到三分鐘，然後再一次深呼吸，雙手交握並結束連結。接下來，請針對這張逆位牌進行一些自動書寫，寫下任何浮現在腦海中的內容，就像你的第二脈輪那樣，順著它們流動。不用試著去控制，也不用試著讓其合理化，就順其自然。當你已經無法在筆記本上寫下任何字時，找幾本塔羅書籍更深入挖掘這張牌的涵義，因為這張牌會對你的本我輪造成很大的影響。完成筆記之後，是時候潛入到第二脈輪的水池中。來吧，勇敢一點，我在這裡抓著一個救生圈等你，不會讓你溺水的，我保證。

1. 創意

我們每一個人都很有創意，創意能量是每個人與生俱來就有的，沒有例外，問題是許多人對於創意的想法非常有限。首先，創意並不等於藝術性，縱使藝術和任何藝術表現都是一種創意的發揮，但這並非使用創意能量的唯一方法，這個誤解讓許多人在探索自己的創意能量時戛然而止。

很多人會跟我說自己沒有創意，但他們真正要說的是自己沒有「美感」，這兩者並非同一件事。賈伯斯曾說：「創意只不過是融會貫通後得到的想法而已。」[4]

這只是一種連接事物的方法，讓創意成為一種解決問題的方式。你可能像會計師那樣對數字充滿創意，可能像律師那樣對合約充滿創意，或可能像遊戲玩家那樣對策略充滿創意。有上千種有創意的方法，而擁有美感只是其中一種。因此，別再說自己是沒創意的人了，因為你是有創意的，而否認這一點不只會損害你的本我輪，還會替上面的其他所有脈輪帶來問題。

如果沒有發揮第二脈輪中的創意能量，就會傷害第三脈輪表達自己的能力，這會引起沮喪、讓我們在第五脈輪覺得沒有人願意傾聽自己，並造成第七脈輪與神聖本我之間的連結關閉。老實說，這就是為什麼我深愛塔羅的其中一個原因，因為對我來說這是一種創意能量的形式，讓我們得以用有創意的方式探索資訊。無論你是想要更深入了解牌面上的數字、元素、占星學、卡巴拉或更深層的天主教元素，甚至是牌卡的排列組合。使用牌卡時有很多創意方式，我們如何使用、解讀、存放、展開、洗牌以及選出牌卡，都是非常「本我輪」的過程。沒錯，我知道你覺得這應該是眉心輪的課題，但這是一個常見錯誤。在這裡講的並非直覺，雖然聽起來很像，但我們在講的是如何了解創意能量。

我們在使用牌卡時，先是由第二脈輪主導，然後依序是第四、五、六、七脈輪，再來是第三脈輪，最後往下到第一脈輪。我們用牌卡解決問題，針對我們看不見、或不想看見的生活領域給予答案和洞察，這就是創意能量。

讓我們變得有創意，然後選出一張牌卡，如何？

4. 賈伯斯，「Steve Jobs: The Next Insanely Great Thing」，蓋瑞・沃夫採訪，《連線》雜誌。一九九六年二月一日，https://www.wired.com/1996/02/jobs-2/。

練習

現在來為你的創意能量選出一張提示卡，請從宮廷牌中挑選。只限於宮廷牌，是因為你應該視自己為一個有創意的人，而不是一個有美感的人。宮廷牌代表著你能夠將自己視為宇宙的共同創作者，在廣大的人類創意網絡上軋上一角、連接各點、用自己獨特的方式完成事情。

請把宮廷牌從牌堆中挑出來，讓牌面朝上放好。侍衛代表孩子般的能量，因為他們用自己對驚奇的感知來展現創意，不太去想自己無法做到什麼，而是盡可能努力進行各種嘗試。騎士是探險者和追尋者，喜歡例行工作，常常用創意去塑造新的興趣、完成新的個人目標，盡可能踏上各種冒險旅程。國王和皇后有一定程度的專業，而且會基於非常特定的理由琢磨自己的創意。他們的心中擁有足以激發創造力的目標。可以說，創造力和慾望在這個層次是相連結的，他們想要某些東西，而且會盡可能連結最多的點以達到這個目的。

不同牌組則會讓你知道自己是如何展現創造力。聖杯（水元素）出現時，8代表這個人在創造過程中會移動身體，並感覺到創意在體內流動；權杖（火元素）傾向出現在突然靈感迸發的人身上，這種創意能量常常一閃即逝；寶劍（風元素）呈現的是非常理智的方法，創意過程是透過腦袋思考、分析和分類資訊；錢幣（土元素）是觸覺形式的創造能量，會展現在喜歡將五感全數灌注於創造過程的人身上。

你是哪一種人呢？

如果你沒辦法直覺且直觀地找到屬於自己的牌卡，可以將牌卡覆蓋，在稍微洗牌後，用手掃過上面十六張牌，一邊心想著：「我是哪種創意人？」一旦發現牌卡有回應，例如指尖可能感到一陣熱、一陣冷或一陣酥麻，請選擇這張卡片。

如果你選到侍衛牌，代表你在玩樂的時候最有創意。如果選到一張騎士牌，則是在遵循例行工事的時候最有創意。如果選到的是皇后牌，你的創意會在社交時活力四射。如果選到的是國王牌，當你在計畫、建立並戰勝目標時，就是最創意的時刻。接下來，在筆記本上記錄你的牌卡，思考牌卡上的這個人物會如何行動、如何解決或是不解決問題。理解你如何與自己的創意能量互動非常重要，這張提示卡會提供你那把更能敞開創意之門的鑰匙。

2. 誕生與重生

對已經熟悉這個脈輪的人來說，「誕生／生殖是本我輪重要的一環」已經是老生常談。如果你才剛接觸脈輪，請記得，男性和女性的生殖器官都被本我輪環繞，意即我們的生殖器官都是這個脈輪的管轄範圍。然而，這個脈輪中「死亡與重生」的概念則並不那麼廣為人知。死胎、流產、不孕和月事也都發生在第二脈輪，這裡是我們學習到「生死實為一」的地方，也就是為什麼我想在這裡討論重生的概念。

重生是生與死的循環，創意能量持續在本我輪發展，但有時會變成創傷，這是因為要讓某個事物誕生，必定要有另一個事物死亡。重生兼具著爆發性和循環性，它可以發生在某一瞬間或是經年累月發展。與本我輪的其他課題相比，這可以說是最重要的課題之一。

整體來說，西方人不太擅長處理死亡和放手。當我們揮別過往、設立界線、拒絕他人或揮手說再見時，往往帶著許多罪惡感和羞恥感。對大部分的人來說，承認某件事情已經結束、完成或死亡並非一件輕鬆的事，這就是為何有些人會繼續對死掉的植物澆水、花一輩子才能丟掉已枯萎的花朵、在佳節過後仍捨不得收起節慶裝飾，而是擺放到長長久久。囤積逐漸成為發達國家才有的問題。我認為，熱門電視節目《儲物狂》和近藤麻理惠的暢銷書《怦然心動的人生整理魔法》之所以廣受歡迎，反映出我們的本我輪在重生課題上可能有狀況。

無論是在現實世界或創意領域，一定要有某件東西逝去才能帶來「新生命」，一個循環必須有個終結，你也總有人事物得道別。新生兒的誕生會讓懷孕周期告終，當這個持續吃喝拉撒睡的小機器人佔據你的生活時，你就必須向睡眠和過往的人生說再見。如果你正要開始新的工作，你的舊工作以及相關的一切都將會逝去。如果你正在孕育一項新事業，那麼，每個月定期收到薪水的觀念就會消失。

然而，只要你讓它成長和茁壯，重生能量帶給你的將會遠勝過那些你所道別的一切。就像是新生兒需要適當的食物、關愛和環境才能成長和茁壯，其他新誕生的事物也是如此。如果你不理解、接受這是重生能量所帶來的過程，將會阻礙脈輪中的能量，你要麼只會執著於不想放棄的東西上，或是執著於自己「必須」得到的事物。無論我們承不承認，將新想法、新能量、新事物和新的人帶進生活裡是很刺激的事。我們都喜歡獲得新的經驗，不喜歡的是那些新能量改變既有生活的方式，然而我們無法在沒有改變的狀況下體驗重生。

大多數人都在抗拒這個改變，你甚至可能不知道自己的脈輪中正在上演一場拉鋸戰。謝天謝地，我們可以用接下來的練習幫助自己更了解。

練習

請拿出塔羅牌並開始洗牌。洗牌時，閉上雙眼並好好做幾個深呼吸，這會讓洗牌變成一種冥想過程。深呼吸時，請一邊慢慢地洗牌一邊詢問自己：「我正在抗拒什麼樣的重生能量？」問問題時，想像橘色的光從你的本我輪出現，經由雙手融入到牌中。一旦卡片充滿了能量後，請在自己前方將牌卡以面朝下的方式扇開，再問一次一樣的問題，然後抽出三張牌。你的牌陣會像這樣：

第一張牌：你正在抗拒的能量。

第二張牌：為什麼你認為自己需要緊抓著這個能量。

第三張牌：如果你放手讓它離去，會發生什麼事情。

看到這三張牌卡時，我希望你注意自己是否自動認定某些牌卡是「好的」或「不好的」，還有，你是否在自己以為會看到「好牌」的地方看到「不好的牌」。

例如，你是不是在第二張牌抽到太陽牌或錢幣十？這些牌卡可能會讓多加把勁、堅持己見看起來是好事，但讓我這樣問吧：太陽永遠都是對你有益的嗎？還是它最終會讓你晒傷、將四周的一切燒灼為荒蕪之地？也許錢幣十意味著必須以對你來說更有意義的事情作為代價，例如真愛或一段真誠的關係？如此一來，你抗拒改變真的值得的嗎？

同樣地，我們再來看看第三張如果出現「不好的牌」，例如寶劍十、寶劍三或高塔牌又會如何。我其實認為這些牌出現在這裡可說是再好不過，因為它們精準地呈現出你必須讓什麼樣的事情發生，才能剷除一個舊習慣、過時的信念或不健康的生活方式。我想說的是，在決定牌卡對重生能量的影響是好是壞之前，請先挖掘它們背後更深層的意涵，因為在脈輪的運作中，沒有任何事情是流於表面價值的好壞而定。

現在，既然已經稍加探索過重生能量，該來選出一張提示卡了。思考這股能量的能力、思考它是如何同時兼具創造與摧毀，又是如何既能存在於當下，又能在一段很長的時間中運作。適合的牌卡可能有死神牌、節制牌、權杖一、聖杯五、聖杯八和聖杯皇后。記得，這張牌必須跟你對於重生能量，如何在自己身上運作的認知相符。如果已經知道自己想選哪一張當提示卡，就把它抽出來，並且開始寫筆記。如果你還不知道哪張牌適合，那就把塔羅牌擺在心口上，好好做幾個深呼吸，讓自己穩定下來。接下來，將牌卡以面向下的方式攤開，手擺在牌卡上幾秒鐘進行感應；開始感應之前，請再做幾個深呼吸。

現在，請選出你的重生提示卡。我們會讓這張牌保持正位，所以如果選到的牌是逆位，請將它轉正，然後進行筆記書寫，開始深掘這張卡中的誕生、死亡與重生。

---

3. 悲傷

如果本我輪會出現重生能量，那麼，出現悲傷的能量也不足為奇。揮別舊的人事物時，我們會為此而傷心，更精確地說，我們也「應該」如此。悲傷是人類所面對的情緒中，較為複雜的一種，它是一種既個人、又集體的過程。悲傷是種私密卻又人人皆有的體驗，面對這類模糊界線的事物，我們、甚至整個社會往往無法好好處理它。反之，社會傾向強迫大家早日從悲傷中走出來，但這可能會導致當事人產生暴力、憤怒和敵意。如果你曾經失去所愛之人，非常可能感受過有股壓力要你早日節哀、盡早回歸正常生活——就算無論從情緒或能量觀點來說，這都是不可能的事情。

悲傷是人類非常重要的一部分，它讓我們可以相互連結，也就是連結對象不僅是「我們自己」，而是整體人類。悲傷是沒有期限的，事實上，我們每一天都處於不同狀態的悲傷中。悲傷是很自然的事，但是如今我們只有在特殊狀況時，才允許悲傷浮現，而且僅能存續於社會所能容忍的一小段期間內。

我們在第二脈輪哀悼每一個在過去必須說再見的人事物——有過交集的人、工作、動物、再也不合穿的衣服、放棄的夢想、那些從未成真的自我期許。我們持續創造出令人悲傷的情況，這非常合理，因為我們也同時持續地重生。生、死，以及所有死亡所帶來的複雜情感都存在於本我輪中，這是一個混亂的脈輪，跟著本書一起探索你就會慢慢了解為什麼。然而，我們必須學習與這個脈輪合作，完整地接納它，讓它以健康、有益的方式持續運轉，這也就是我們必須深入理解悲傷的原因。塔羅牌能夠助我們一臂之力，其中有幾張牌卡可說是專門為這個情緒所設計的。

比如說，寶劍三很可能是你自動聯想到代表悲傷的牌卡，除此之外還有聖杯五、錢幣五、高塔牌、力量牌、死亡牌、惡魔牌、寶劍十、權杖九、錢幣四、甚至是聖杯八。這些牌卡都在處理各式各樣的悲傷，因為悲傷在生命中是如此常見，這個主題自然會在塔羅牌中頻繁出現。你可能之前曾抽到前述的某一張牌，只是當時沒想到它跟悲傷課題有關；又或者，你反覆抽到某一張牌已經好一陣子了，它可能有重要的訊息想傳達給你，如果是這樣，又是哪張牌呢？如果你沒有印象，或想不起來最近有哪些牌一直出現，別擔心，我們現在可以做一個練習，找出哪一張悲傷提示卡想要傳遞訊息給你。

練習

拿出塔羅牌並慢慢洗牌，同時好好做幾個深呼吸，並透過將注意力轉移到骨盆區域，好連接本我輪的能量。在你呼吸時，想像一道橘色的光從骨盆區往上移到你的雙手，擴散到正在洗牌的卡片中。當你覺得塔羅牌已經準備好時，請停止洗牌，然後開始從第一張翻牌、然後翻第二張、持續下去，直到出現其中一張先前提及代表悲傷的牌，這時候請停止。這張牌就是你的悲傷提示卡。

將這張牌抽出來，放在你的正前方，然後把其他翻開的牌放回牌堆中。

接下來，你要抽出四張牌放在悲傷提示卡旁，以便一覽當前生命中的悲傷能量的全貌。你的牌陣會像是這樣：

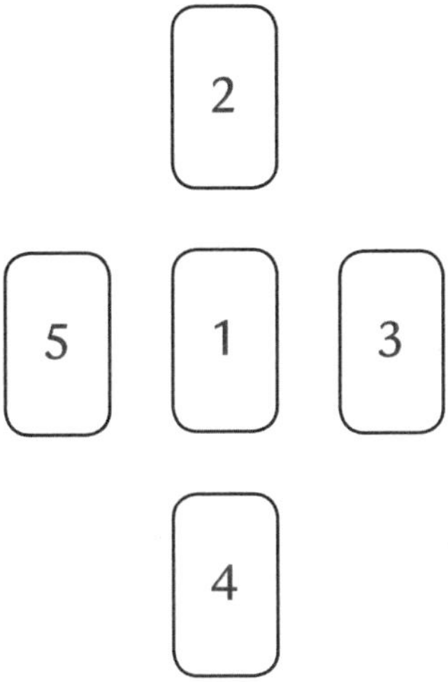

第一張牌：悲傷提示卡。

第二張牌：這個悲傷與你生命的哪個領域相關。

第三張牌：你需要什麼樣的支持來面對這個悲傷。

第四張牌：因為壓抑自己的悲傷，而受到阻礙的能量。

第五張牌：悲傷帶給你生命的禮物。

在開始寫筆記或試著解讀前，請花一點時間與這些牌相處，你只需要看著牌面上的圖案幾秒，並在慢慢呼吸的同時接納它們。請溫柔對待你的悲傷，並用自己的步調行動，不急著趕到下一步。

等你覺得準備好時，就可以開始寫下關於這些牌卡的筆記或註解，請從第一張牌「悲傷提示卡」開始。這張卡往後會不斷改變，但此時此刻，請專注地探索這次抽到的牌。然後慢慢進入第二張牌，探索你的悲傷出現在生命中的哪一部分：是在你的人際關係（聖杯）嗎？你的職涯、金錢、或健康（錢幣）？想法、專案或信念（寶劍）？還是心靈危機（權杖）？如果你抽到的是宮廷牌，代表的可能是你人生中遇到的某個人、或是某部分的自己。如果抽到一張大阿爾克那牌，你可能正在經歷一個人生轉折。再來進到第三張牌，允許自己放開心胸，接受支持，看看你是否能嘗試著在處理悲傷的功課時，尋求更多幫助。接著來到第四張牌，你可能會很驚訝，因為從來沒想過悲傷會是這個能量停滯、不流動的原因。最後一張牌，無論為何，都請你尊重這份「禮物」，就算這張牌看起來不像是個禮物也一樣。

一旦傾全力寫完所有筆記，請你再參考塔羅書籍或身心靈書籍，看能否在悲傷課題上挖得更深一些。不必擔心如果自己在這個牌陣耗費數日、甚至數周該怎麼辦。請記得，悲傷是沒有期限的，你想花多久時間處理這個複雜的能量都沒有關係。

4. 慾望

什麼是慾望？我常常問這個問題，得到了許多答案。大部分的人都把慾望視為性能量，慾望和情慾確實就像是形影不離的死黨，然而，並不是每種慾望都和性有關，也不是所有的性都參雜慾望。

一如本我輪處理的其他課題，慾望是非常複雜的，主要是因為這對每個人來說都不同。你體驗慾望的方式跟我的方式不同，會讓你興趣高漲的事物不會跟你的另一半、子女或密友相同。驅動我們的並不是全然相同的慾望能量，每一個人都有自己的慾望開關，當我們無法與之同步時，就會導致第二脈輪損傷。慾望並非只是一種主動體驗，也可能是被用來傷害我們的武器，性侵害就是其中一種形式。慾望也常常會被社會規範，身為女性，我們總是被教導：我們的慾望並不重要，我們就只是滿足男性慾望的工具或容器、是父權社會中的一部分罷了。這導致許多女性在本我輪都受到嚴重的損傷。我遇過許多受到虐待、害怕要求滿足自己的慾望，或試著斷絕所有慾望的女性，她們都有第二脈輪受損的情形。多年來的經驗讓我發現，大多數女性對於談論慾望感到不自在，會在這個話題出現的時候快速帶過，特別是超過六十五歲的人。

但是，慾望是很自然的，我們都在某種形式上擁有慾望，而且必須學著如何探索、體驗和享受慾望。當我們了解慾望的能量是與心相連、會以許多種不同的方式呈現時，就可以減少自身在性方面的壓力。我們不需要一直經由性行為體驗慾望，因為「想要」與「需要」也可能是來自心靈層面的需求。然而，修復這個區域或許能讓你的「性」重返新生。

練習

你的慾望能量是不是正流向什麼地方呢？你現在最想要的是新的工作？新車？新的男女朋友？一段假期或是錢？

請誠實以對，也請理解自己的答案沒有對錯，你的慾望就是你自己，不需要批判。拿起塔羅牌，我們來找出你的慾望提示卡。如果想要的是金錢，你可以選擇錢幣十或錢幣國王；如果是一個新的戀愛對象，或許可以選擇戀人牌、聖杯二，甚至是惡魔牌。你想要名聲或更多認可嗎？或許星星牌或權杖六很合適。找出最適合你的牌之後把它抽出來，然後正面向上地放在面前。接著，各抽出一張牌以回答下述問題：

DS：慾望提示卡

第一張牌：為什麼我會想要這個？

第二張牌：我認為這個慾望會為我帶來什麼？

第三張牌：這個慾望造成哪裡的能量阻塞？

第四張牌：這個慾望會要我付出什麼代價？

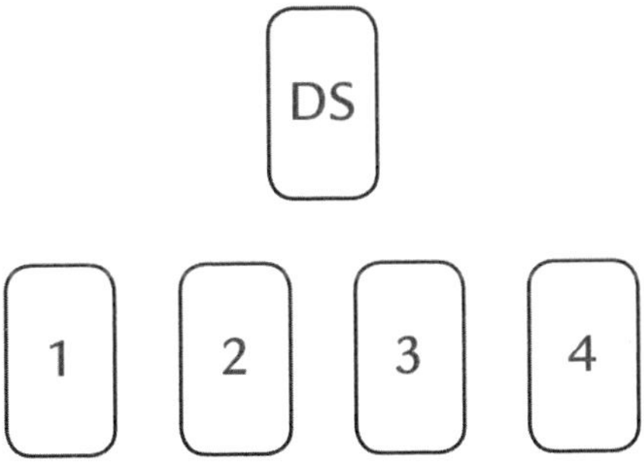

將這四張牌排列在提示卡的下方，好好看看你的慾望傳達出怎樣的訊息。你是否看清這個慾望的真實樣貌，還是心裡抱持著太過浪漫的想像？換句話說，你的答案中是否有很多聖杯牌或是跟做夢、空想有關的卡？我們常常把幻想和慾望混淆，這兩者並非同件事情。慾望是一種驅動我們做出平常不會做的事情的能量，它是從創意與慾望中心——本我輪開始，孵化出一個計畫，然後讓我們打從內心讓它發生。

創意和慾望會從不同面向幫助我們完成目標和夢想。慾望會推動我們、讓我們保持動力，點燃內心的火焰。在你抽出的牌卡中，是否看到很多權杖？如果沒有，很可能你當前的慾望並未提供協助，反而讓你受限，特別是牌陣中出現很多寶劍牌的時候，更要特別留意。如果你抽到很多錢幣牌，訊息也大同小異，這代表你的本我輪能量非常沉重低迷。

花點時間研究這些牌並寫筆記，放手讓它們用第二脈輪慾望、想望、需求的語言對你暢所欲言。當你已經努力寫到極限時，請在牌陣中加入你的本我輪提示卡和創意提示卡。

SS：本我輪提示卡
CS：創意提示卡

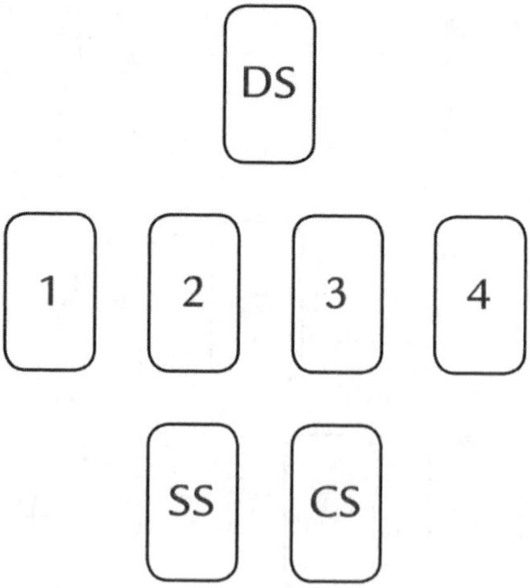

現在你獲得一個七張牌的牌陣，它展現出你當前的慾望是如何與創意能量中心互動，以及對本我輪整體造成什麼影響。有更多的牌卡就更容易看出是哪種元素正在主導你的慾望能量。本我輪本來就是屬於水元素，如果牌陣中出現豐富的水元素牌卡，可能代表你開始覺得被慾望能量往下拉或被隨波帶走。我會建議你更關注七張牌中，是否有缺席的元素，或是少到好像根本沒出現？這些缺席或不足的元素，會是替慾望能量重新平衡並發揮力量的關鍵。將這些資訊記錄在筆記中，並思考如何將這項元素帶入你的願望、夢想、希望和需求中。如果一切看起來都很圓滿，那麼恭喜你！你的慾望能量狀況很不錯。

---

5. 記憶

很多熟悉脈輪的人在看這個小節時，可能都在搔頭苦思：「本我輪究竟跟記憶有什麼關係？」當我們從能量工作的角度在處理記憶時，它不是激起極大的苦痛，就是極大的快樂。若想要針對各式各樣的創傷進行療癒，就會在本我輪下功夫，因為這個脈輪的水池既深且廣，保存了你有生以來的所有記憶——甚至擁有你的靈魂在依附到細胞組織、最後型塑成人之前的那些記憶！我們會根據纏繞著記憶的情緒來回應人生大小事。當你對腦袋傳遞訊息時，它會搜尋連結，而連結就儲存在本我輪的水池中。

任何生活中出現的情況，都會觸發一種相對應的情緒記憶，當訊息傳遞到腦袋中，然後你就會依據心裡的情緒做出相對的反應。讓我舉個例子，假設你摯愛的伴侶習慣一聲不吭就出門去——沒說再見、沒有離別擁抱或親吻、沒有任何形式的告知。現在，如果你有過被拋棄或被忽視的記憶，這會像狂風暴雨般觸發你的本我輪，而在你意識到之前，「出門」這個單純的行為就會被判斷為對方打算離開你、變心了或不把你當一回事。你會開始透過情緒記憶的濾鏡看待整個狀況，並且扭曲你對於真實狀況的認知，將腦海中的想像不斷放大。由於你的伴侶沒有相似的記憶觸發點，所以只覺得不解，為什麼你會這麼不爽？這樣的落差會導致衝突，你覺得自己不被理解，更加被情緒套牢，沉沒到本我輪泥濘水潭的深處，事情發展很快就會失控。

與客戶合作的經驗讓我了解到，大家通常不太了解自己是透過什麼樣的情緒記憶在看這個世界。所以我特別認真推廣療癒和能量工作，因為我們距離自己太近、近到看不清自己的觀點扭曲了，好在塔羅牌仍可提供一種探索這項課題的方法。

拿起你的塔羅牌並慢慢地、溫柔地洗牌，同時緩緩地好好做幾個深呼吸，然後想像骨盆區域出現橘色的光。每一次的深吸，就想像這道橘色的光往上延伸、進到你的手臂、抵達你的雙手，融入塔羅牌中。想像你的牌卡充滿這道橘色的本我輪之光，將每一張牌都轉變為一個情緒記憶。

放輕鬆洗牌，等覺得牌卡充滿足夠的能量時，請停止洗牌，並將牌面向下攤開。再做一次深呼吸，淨化你的吐息，輕輕在牌卡上方依序移動你的手，同時自問：「我現在正以哪種情緒記憶的濾鏡看待我的人生？」如果感應到一張令手指感覺溫暖、寒冷或刺麻的牌卡時，請將它翻開，並將這張牌擺成逆位。是的，面對一個顛倒混亂的課題，我們需要一張逆位牌卡提供指引。

你選到什麼牌呢？這張牌就是你當前的「記憶提示卡」，影響著你如何與所處世界互動。花點時間在這張牌卡上，認真書寫筆記，並回答下述三個問題：

1. 這張卡是怎樣的禮物？

2. 這張卡是怎樣的負擔？
3. 這張卡是真實的、還是想像出來的？

會抽到這張牌必然有其原因，它會從正反兩面的角度幫助你探索，也是回答最後一個問題的關鍵：「這張卡是真實的、還是想像出來的？」這個問題是在詢問你：這張卡所反映的內容，是真實在你人生中上演，還是出於你腦海中的小劇場？看清楚自己是否中了情緒記憶的圈套是非常重要的事情，雖然多數時候都是如此，但還是會有例外。

這三個問題並不容易回答，如果你覺得需要從牌卡獲得更多資訊，可以針對每個問題再多抽一張牌，然後同樣寫下你的研究筆記。

一旦完成了筆記練習，覺得自己對於這個課題、記憶或觀點有更清楚的理解後，請針對它進行冥想。只需要做一個簡單的冥想，你就可以看到這些找出來的問題被沖出本我輪。請想像脈輪的水乾淨、平靜、不受這個問題的拘束，看著光在水面上跳躍舞動和嬉戲著，就像一陣微風清拂過肌膚，讓你感到平靜安穩。想像自己坐在水邊欣賞記憶，知道自己隨時隨地都可以釋放任何一個、甚至是全部記憶。請在做這個冥想練習時微笑，這樣就可以創造一個充滿感恩與愛的全新情緒記憶。記憶是由你塑造出來的，而在本我輪的水岸邊，就讓記憶充滿希望，它們可以在你想要提升自身頻率時，提供充分的協助。

6. 歡愉

在這個小節的一開始，我覺得需要先區分「慾望」和「歡愉」的不同。首先，「慾望」是我們希望體驗的事物，「歡愉」是我們允許自己體驗的事物。慾望會驅使你的創造力和創意，而歡愉則是你如何參與這段過程。

然而就跟慾望的問題一樣，許多女性都不曾被教導過什麼是歡愉，反倒被訓練為讓他人感到歡愉的工具。這壓抑了人性中與生俱來的歡愉狀態，會損害本我輪。抗拒歡愉的同時，就阻塞了能量在此脈輪流動，導致許多與性相關的問題，更甚者，還會嚴重扼殺我們與正向經驗互動的能力。我們探索、參與、體驗歡愉的能力會往上影響其他的主要脈輪，並逐漸滲透到生活的每個面向，這就是歡愉的重要性。

這邊也要先釐清一件事：歡愉是一種性能量，但性並非唯一可以體驗歡愉的方法。歡愉會啟動本我輪的性能量療癒過程，性能量是讓生活充滿積極和希望的能量，影響我們的全身。即便不進行性行為，我們仍是所謂的「性個體」，與「歡愉」開心玩樂可以讓我們保持這股能量的活躍和流動。「慾望」讓你知道自己會對什麼感到興奮，「歡愉」則讓你學著完全投入隨之而來的幸福、和諧、平靜和充滿創意的狀態，我們可以將歡愉視為第二脈輪的高潮中心。

透過一個人對惡魔牌的反應，我一向可以觀察出這個人的關係狀態。大家看到惡魔牌時通常只會有兩種反應，對部分人來說代表著解放，對另一部分人來說則是束縛。大家看待歡愉的方式也如出一轍，歡愉若非一種自由、自我表達的形式，就是一扇通往罪惡的大門。

練習

讓我們把惡魔牌從牌堆中挑出來，請針對以下題目書寫筆記：你如何看待惡魔牌在你人生中扮演的角色，以及當它出現時，你會如何回應。等寫到你對惡魔牌的反應時，可以考慮用這樣的句子作為開頭：「我是一個……的人。」例如，你可能會寫「我是一個被自己所有過錯束縛的人」、「我是一個視世界如蠻荒之地、但不覺得探索世界是罪惡的人」、「我是一個覺得受到壓抑而且充滿愧咎的人」、「我是一個覺得自在、可以隨心所欲做自己的人」。

寫筆記的時候，盡可能寫下越多「我是……」的陳述越好，這些陳述會提供洞見，有助於了解你是如何允許自己去體驗歡愉的。你內心深處可能會認為歡愉是與罪惡感、羞恥和批判相連結，又或是視其為一種讓你自由體驗世界、不受羈絆的能量。

當你已經盡全力探索完惡魔牌之後，接著要在它周圍擺出牌陣，以便更清楚觀察本我輪的能量是如何受到歡愉、慾望和創意的驅動。請將這些牌卡在你的面前如下所示，擺出簡單的三卡牌陣：

第一張牌：慾望提示卡
第二張牌：創意提示卡
第三張牌：惡魔牌

接下來，拿起剩下的塔羅牌開始洗牌。好好做幾次深呼吸，並把注意力放在惡魔牌上，讓惡魔牌的能量在輕輕洗牌時能流入你的牌卡中。再做一次深呼吸後問自己：「對於更主動地將歡愉帶進我的人生，惡魔牌有什麼指引嗎？」想像這個問題在洗牌時進入牌卡中，當你覺得準備好的時候，請將牌面向下攤開，抽出一張牌，直接疊在惡魔牌上面。

這張牌就是歡愉提示卡，展現你在啟動慾望、創意和歡愉後所獲得的結果。如果抽到高塔牌、寶劍三、死神牌或聖杯五等其他你可能看了會不太開心的牌，請不要難過。要了解，這沒有關係，不是什麼錯誤，而且仍是一個好徵兆。在療癒過程中，本來就不會期待一切都美好夢幻。從另一種角度來說，有些事情會為了幫助你療癒而發生，你或許會發現歡愉潛藏其中。請好好跟你的牌相處，從「不批判」的角度進行解讀。這是一張請你好好做功課的牌卡，只要你願意，它會帶來明燈，打開通往驚奇事物的一道門。不過，如果你得到一張很棒的牌，也很恭喜。

請替這個牌陣寫筆記，去探索更多。如果有一些需要療癒的事物已經現身（通常讓你感到不太舒服的東西就是了），請寫下如何解決這個阻礙或痛點，這能夠釋放歡愉中心，讓你可以與慾望和創意有更進一步的互動。如果發生了一些值得慶祝的事，也請寫進筆記中，因為讚揚自己出色的表現、認同個人的勝利是非常重要的。維持你文字中的溫柔、同理心和愛心，當這些療癒能量流入第二脈輪時，你會好好的。

7. 過去

既然這個脈輪就是記憶、悲傷和死亡所在之處，「過去」的能量會造成影響也是在預料之內。這是本我輪中的一個陷阱，讓你執著於早已過去的一段生活、一個環境或者某個版本的自我。它可以從早已結束的事件中創造出恐懼、懷疑和麻痺，讓你停止活在當下。看起來本我輪是頗為沉重的一個脈輪，但是作為身體的情緒中心，這是自然的現象。

活在過去的能量中，意味著你永遠不會真正地成長，會錯失或忽略各種發展機會。最終創造出一個總是企圖重現某件事情，或試著逃避某件事情的自己。「過去」是一個幽暗的所在，由過往的自己幻化成的鬼魂就在本我輪的情緒岸邊徘徊。過往的你對現在的你幫助並不大，舊有的習慣、行為或反應，對這個當下必須完成的事情沒有助益。逝者已逝，你能處理的僅限於當下發生的事件。

我們多多少少都會讓過往左右自己。對於曾經歷的痛苦或創傷，大家都有放不下、過不去的時候，不論這些陰影是單純如遇上大塞車，或是被朋友、愛人背叛。我們往往「同意」讓這些過往在心裡賴著不走，賦予它們能量染指整個脈輪系統。有些人不會讓這股能量停留太久，一旦覺察到自己的思緒又跟過往勾勾纏，就會著手轉換情緒和感覺，把自己拉回當下。大多數時候，這是處理暴衝情緒的自然循環，我們會花一小段時間停留在那個狀況中，然後繼續前進。然而，有時候這些能量還是會佔上風，成為生活中的駕駛，拉著我們一路走向黝黑漫長的隧道中。

塔羅牌中有一些牌會馬上讓我們知道自己是否活在過去的情緒狀態中，例如錢幣四、惡魔牌、高塔牌、寶劍十、聖杯騎士、聖杯六、寶劍九和權杖十。每次解牌時看到它們，通常不難看出過往是如何影響當事人的生活：寶劍十讓我知道事情已經過去了，但提問人還停留在原地；權杖十則代表當事人一如牌面所示，緊抱著所有過往不放，吃力地生活。對於我們涉入過往這個水池有多深，塔羅牌總會以非常睿智的方式給予提醒。

來選一張過去提示卡吧。選出一張最能代表你不斷回顧過往，而非專注於當前的牌，或許是牌面上有讓人很有代入感的圖像，或是牌卡的意義讓你覺得頗有同感。不管是哪種都可以，只要這張牌能夠提醒你，自己正在被過去影響即可，你也可以考慮使用我前面列出的那幾張牌。

一旦選出了提示卡，請把它以逆位的方式擺放。在開始寫筆記之前，請好好做幾次深呼吸，如果可以的話，請看看能不能在解讀時，找出是什麼樣的過往情緒記憶讓你對這張牌有感覺。當這些回憶或事件出現時，請一一寫下來，然後把清單中的第一個圈起來，因為它對你的整體情緒可能有非常強大影響力。請持續書寫筆記，直到覺得這張卡所觸發的念頭或反應都已清空為止。

接著再回到你列出的第一個回憶或過往經驗（也就是圈起來的那個），請針對下述問題各抽出一張牌，以進行更深入的探索。

S：過去提示卡

第一張牌：這個過往的情緒記憶是如何將我套牢？

第二張牌：這個過去的能量阻塞了什麼？

第三張牌：我要如何解放這個情緒記憶？

第四張牌：當我放手後，我會有什麼感覺？

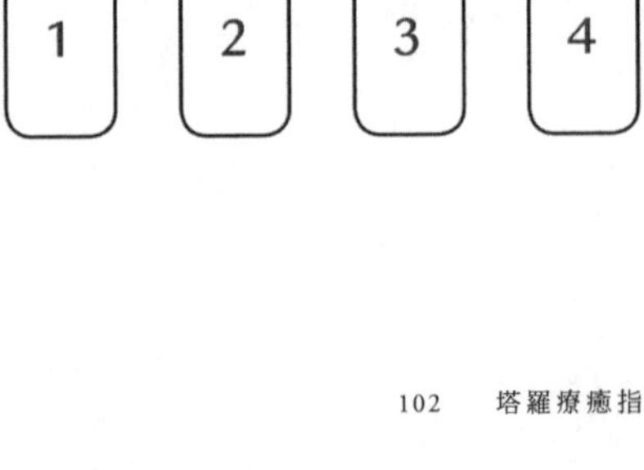

洗牌時，請想像本我輪出現一道橘色的光，從你的身體移動到你的手臂，看著這道光，從手臂往下移動到手指，慢慢融入你正在洗的牌卡中。洗牌動作放緩，讓呼吸保持緩慢平穩，一次只聚焦在一個問題上，看著問題一字一字在腦海中寫出來。當問題已經完整地顯現在腦海時，請將牌卡面向下攤開，抽出一張牌；重複這個流程，直到抽完四張牌。現在你面前應該有五張牌卡，分別是過去提示卡以及回應四個問題的牌。

請針對這些牌卡撰寫筆記，對於過去是如何影響你言行、塑造出當前的生活樣貌，請你保持完全開放的態度。先寫下腦海中浮現的內容，再從塔羅書籍中挖掘更深更多的訊息。讓這些探索深入牌卡解讀，你會發現自己慢慢脫離那些情緒記憶，就此放下過去。這個小小的練習會大量移動本我輪中的能量，釋放過去情緒能量所帶來的毒素，所以在練習結束後，務必妥善休息，並喝大量的水幫助腎臟排毒。

當你寫完筆記、補充足夠的水分之後，請將雙手放在骨盆區，傳送一些愛的能量給本我輪。你可以大聲說出「我愛你」，或單純想像愛的能量從手心傳送到本我輪。這會幫助你接地扎根，協助平衡任何你在本章中所調整的能量。

本我輪塔羅療癒

既然你已經完成了第二脈輪的七個重要課題，該來針對你所挖掘出的內容進行能量療癒，它們都是為了被清理和淨化而浮現出來的。請把這個章節選出的提示卡都找出來，然後把本我輪提示卡放在面前，它是本我輪療癒曼陀羅牌陣的中心牌。

你的牌卡排列如下：

第一張牌：本我輪提示卡
第二張牌：創意提示卡
第三張牌：誕生與重生提示卡
第四張牌：悲傷提示卡
第五張牌：慾望提示卡
第六張牌：記憶提示卡
第七張牌：歡愉提示卡
第八張牌：過去提示卡

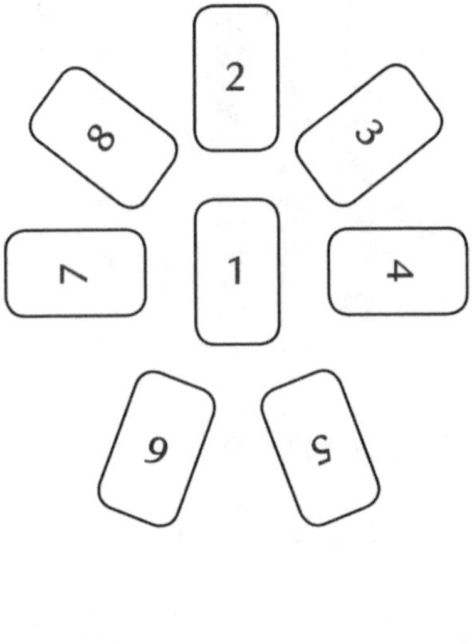

中心牌代表在其他牌卡間來回流動的能量，如同一縷美麗的橘色煙霧，開始啟動四周的牌卡。接下來要進行視覺化的療癒步驟，請將雙手放在牌卡上，對著本我輪提示卡的四周牌卡，依序念出下述肯定語。這個塔羅曼陀羅牌陣會幫助你的能量療癒過程更穩定，並讓你得以更深入。肯定語如下：

第二張牌：我是有創意的人。

第三張牌：我持續在人生中產生新能量。
第四張牌：我允許自己在事物終結時悲傷。
第五張牌：我主動追尋我所渴望的事物。
第六張牌：我每天都在改善記憶的頻率。
第七張牌：我允許自己追尋並享受歡愉。
第八張牌：我正在學習善用過去，幫助自己活在當下。

找一個舒適安靜的地方，確保自己能不被打擾二十分鐘。將你的曼陀羅牌陣放在可見之處，然後輕輕搓揉掌心並專注在呼吸。搓揉掌心四十秒以啟動掌心的能量中心，你可能會覺得手心有一些熱度，這是很好的現象。現在，將雙手放在骨盆附近，專注在你的呼吸上，從鼻子吸氣，感受氣息衝擊你的喉嚨、充滿肺部，讓腹部擴張。當你從嘴巴吐氣時，感覺空氣離開身體，注意腹部的凹陷。

等到呼吸變得自然而然，請把注意力放到牌卡上，從中心牌、也就是本我輪提示卡開始。想像橘色的煙霧緩緩從這張牌升起，圍繞著塔羅曼陀羅牌陣。每次呼氣時，這縷煙霧就會綿延得更長、更遠，保持這樣的狀態幾分鐘，只要專注呼吸並讓雙手維持在骨盆附近，感覺胸口的起伏，想像這縷煙霧般的橘色能量融入牌陣中。

當你覺得準備好了，雙手請移動到牌陣上，依序在牌卡上移動並大聲說出相對應的肯定語；請重複念這個清單三次。結束時，請放鬆並專注在呼吸，雙手放回膝蓋。當你吸氣時，感覺煙霧般的橘色能量從鼻子進入身體，衝擊喉嚨後方、充滿肺部，然後移動到你的骨盆底部，融入本我輪。吸氣時請放鬆，讓能量清理並淨化本我輪，並將你的肯定語植入其中。當你覺得療癒儀式完成後，移開雙手並正常呼吸三十到四十秒，向你的牌卡表達感謝，練習就完成了。

你可以隨時根據需要，重複這個簡單的塔羅療癒療程，若能記錄這個療程給你的感受、或任何在療程中得到的啟示會更好。當你知道的越多、詢問的越多，能夠療癒的就越多。

3

THE SOLAR PLEXUS CHAKRA

／

太陽輪

前兩個章節處理的都是內在發生的事情，我們分別了解自己是如何看待個人與周圍世界的關係，以及如何透過情緒體來感知世界。從第三章開始改變方向，我們將積極地與外在的能量合作。你可以這樣想：前兩章我們還在屋子裡玩耍，而現在要去外面看看。海底輪和本我輪都是比較獨立的脈輪，而太陽輪需要朋友，它是我們社交活動的核心，與其他人規律地互動能為其提供能量。

我們將在這一章探索太陽輪所處理的七個課題，它們都有關於這個脈輪的重要訊息想傳遞給你。

七個課題小節分別為：

1. 自我表達（Self-expression）
2. 賦予力量（Empowerment）
3. 價值（Worthiness）
4. 遊戲（Play）
5. 參與（Engagement）
6. 叛逆（Rebellion）
7. 行動（Action）

太陽輪

太陽輪的梵文是manipura，可以說是我們習得自我認同的地方，然而學習方式跟海底輪不同，太陽輪處理的是我們選擇成為誰、想要如何在「人生」這個共享的夢境中，與他人互動。當你問小孩子「長大後想做什麼」，就是在問一個很太陽輪的問題，這與我們詢問大人「想要在人生中做什麼、想要擁有怎樣的職涯、對人生的下個階段或十年後有什麼想像」，同樣都是太陽輪問題。

太陽輪掌管你的腸胃、消化系統、肝臟、胰臟、脾臟和膽囊。這裡的能量持續變動，與下方兩個脈輪大不相同的是，太陽輪對此樂在其中。

第三脈輪是多變的、停不下來的，喜歡娛樂刺激，而且覺得「穩定一致」很無聊；太陽輪有點處於多工狀態。若說在海底輪，我們是與「我們認為的自己」一起努力；在本我輪，是與「我們認為應該被創造出來的自己」一起努力；在太陽輪，則是「我們真正想要成為的樣子」。太陽輪了解我們，希望我們在這個世界中表現出真實樣貌。問題只會在「太陽輪希望表現的自己」和「海底輪、本我輪認知的自己」不同步時出現，這時你的身體就變成了一個戰場，而戰場上沒有贏家，只有那些被迫留下來收拾殘局的倒楣鬼。

住在太陽輪的自己是什麼樣子呢？讓我們找出答案吧。

練習

選太陽輪提示卡時，使用宮廷牌就好。你可以用兩種方法選出這張卡，如果已經對真實的內在自我樣貌有清楚的想法，你可以直接選出符合這個想像的宮廷牌；然而，如果這其實就是你的困惑所在（我自己也歸類在此），請將宮廷牌好好洗牌之後，面朝下攤開，並在心裡自問：「誰是活在第三脈輪中的自我？」一邊想像這個問題在腦海中成形，一邊用指尖緩緩掃過這些牌，如果有一張牌讓手指產生特別的感覺，就是它了！（請相信這個「自我」此時非常渴望透過太陽輪被表現出來。）

接著拿出筆記本，開始寫下這張牌的形象與你看待自我形象的異同。思考一下這張宮廷牌代表的角色原型可能會進行的活動、從事的工作以及社交圈，然後寫下你是否也在進行這些事情或是想要這麼做。請一定要深入探索這張宮廷牌可能會擁有的生活，請把自己完全代入其中，彷彿身歷其境，並留意當你開始接受這個自我時，有什麼樣的機會正等待著你，與此同時，你也準備好與太陽輪的能量合作。

1. 自我表達

「自我表達」在這幾十年間成為熱門詞彙，隨處可見「成為你心中的樣貌」、「讓真實的你發光發熱」等口號。問題是，雖然有許多行銷廣告都繞著「自我表達」轉，整體社會其實並不希望你跳脫既有規範的框架。時至今日，仍有許多人對於同性戀、跨性別、非二元性別或其他非異性戀的性傾向嗤之以鼻。

自我表達的範圍甚廣，從一個人的穿著打扮到如何思考、創作、工作、說話、走路等等。如果你曾聽過別人說「我這樣做是因為這就是我」，這就是屬於太陽輪的語言。大多數人是遵循著家人的希望在行事，或者是出於其他人所給予的期待。我從客戶身上聽過太多這樣的故事，他們選擇了家人期望的職涯或工作，最後卻發現迷失了自我、生了病，又感到格格不入。這會造成第三脈輪的傷害，並導致各種跟消化相關的問題。

我們試著把自己塞進別人設立的框架時，就會傷害自己的身體——先是能量層面，然後就是肉身健康。你的肉身是自我表達的一部分，身在這個社會中，我們一直被告知身體「應該」是什麼樣子以及該討誰的喜歡。想想飲食失調、讓人眼花繚亂的新興飲食風潮，以及網路上不時出現的外貌羞辱，這些都造成許多女性的痛苦。各種來自外部雜音持續攻擊我們的腦袋，也難怪許多人都在第三脈輪的課題中掙扎。如果能把自己當成一齣戲中，不斷變換角色的演員，這就太棒了。這樣我們就可以馬上轉換、改變角色，也不會受困於非得成為特定的樣貌不可。

如果我們隨時隨地可以自在且自信、輕鬆、優雅地表達自己，這也會是非常美好的事情。這就是太陽輪所追求的，而我們在療癒過程中會非常努力創造這樣的能量，而這也是自我表達提示卡對療癒過程極為重要的原因。

練習

雖然你可以從塔羅牌中，任意選擇一張作為自我表達提示卡，但我會建議從宮廷牌中挑選。他們確實表達出截然不同的自我表現形式，而我必須強調，想要成為國王、皇后、騎士或表現出孩子氣的行為都沒有錯。這張提示卡最重要的是表現出你希望看到的自己、撕去標籤和他人期待的自己，那個想要自由並在更寬廣的世界中嬉戲的內在自我。

你可以設定好意圖去挑選提示卡，也可以交由直覺決定。一旦選定牌卡後，我要請你自行決定這張牌是要放正位或逆位。如果你自覺正在努力成為這個版本的自己，並對自己的進步信心十足，請讓牌卡維持正位；若你對於成為這個版本的自己遇到了困難，也很焦慮或恐懼要以這個形象面對世界，請將牌卡顛倒成逆位，這樣可以更精確地代表當下在你脈輪周遭運轉的能量。

2. 賦予力量

太陽輪是我們的力量中心，將下方兩個脈輪的能量集中之後，轉換成最原始的能量。如果下方兩個脈輪很健康，我們就會覺得自己強壯、有能力、充滿力量；但如果兩個脈輪的狀況一團混亂，我們就會覺得虛弱、恐懼、無力。太陽輪活躍與否，會大大影響我們對世界的觀感，我們要麼覺得能夠開心地快速取得需要和想要的事物，要麼就是拚命抱怨一切不盡人願，彷彿全世界都在跟自己作對。

我太太的冥想老師是位佛教僧侶，時時提醒她，如果想有效地將注意力集中在「當下」，就必須多多關照太陽輪。當我們與這股原始能量同在，就不會與周遭和自我分離；我們就會感到完整，與一切有著深厚的連結，並充滿力量。你也聽過有些人說某個人「肚子有火在燒」[5]，這跟消化不良一點關係都沒有，講的是有擁有勇氣、決心和決策的力量，這些都是屬於太陽輪的詞彙。

我一直認為太陽輪就是所有騎士牌的棲身之地，有時候他們已經整裝待發、隨時可以上陣，擬定計畫並準備就緒，不會手忙腳亂。有時候，他們從本我輪汲取創意能量，進而顯化出神奇的事物，但有些時候他們則是睡著了，處於非常平靜的狀態。

我們對自己人生的處境有什麼樣的感受，會影響這個能量中心的運作，如果對生活感到無力，就容易落入被害者心態，並透過思想、情緒和語言劇烈地侵蝕第三脈輪，傷害胃部、消化系統和肝臟。「被剝奪力量」常常會伴隨憤怒，而憤怒會讓體溫升高，並提升胃酸的濃度，這時候「肚子有火在燒」真的就會造成消化不良。

想要擁有健康、運作良好的太陽輪，就必須感受到自己是被賦予力量的——不見得總是如此，但至少大多數的時候要能維持。每個人都需要感覺到生命是充滿平靜和力量的，也需要體驗更多的自在感，並減少慌亂的時刻。因此，我們必須從海底輪汲取「連結」的能量，以釋放本我輪中的「創意」能量，並在太陽輪與原始能量融合。

聽起來就是簡單的三個步驟，對吧？讓我們看看這三個能量如何相輔相成吧！

練習

首先你必須為賦能中心選出一張提示卡，這張卡必須讓你覺得強壯、自信、有能力，例如魔術師牌、女祭司牌、皇帝牌、任何一張宮廷牌、錢幣八、權杖六、聖杯十，甚至是吊人牌。一旦選定了你的提示卡，請將牌面向上放在前方，你可以在進到下一個步驟前，先針對這張牌做筆記。等覺得跟這張牌更有連結時，再回來繼續下一步。接著，找出海底輪的連結提示卡及本我輪的創意提示卡，我們要用這三張卡依照下面的順序組成一個三卡牌陣：

第一張牌：連結提示卡

第二張牌：創意提示卡

第三張牌：賦予力量提示卡

這三張牌呈現出能量如何從你的海底輪一路往上移動到太陽輪，對應的是前面提到的「賦予力量三步驟」。在這個練習中，我

5. 譯註：原文為俚語「has fire in their belly」，意指滿腹雄心壯志。

希望你以不同的方式對此牌陣多進行幾次探索，請仔細閱讀接下來的說明。

牌陣版本一：將所有牌卡以正位擺放。

牌陣版本二：將所有牌卡以逆位擺放。

牌陣版本三：將連結提示卡及賦予力量提示卡放逆位，而創意提示卡放正位。

牌陣版本四：將連結提示卡和賦予力量提示卡放正位，創意提示卡放逆位。

為什麼要有這麼多種變化？因為每一種變化都會給你完全不同的解讀，最重要的是，這就是你的能量一整天翻來覆去的樣貌。現在你可能覺得很有連結感，但下一秒就沒了；今天早上起床時覺得自己可以征服世界，到了下午卻只想癱在床上、一切都隨它去吧。透過圖像來了解這個能量，可以幫助你釐清自己的能量是如何快速且有效地運作於外在世界，你便能比較輕鬆地進行自我校正。你也能從牌陣中了解哪種能量需要一點休養時間，如此一來，你就不會在需要休息等待並對自己溫柔一點的時候，勉強自己。

我們一路進行到這裡，你可能已經察覺有某一組牌重複出現在眼前，其中若有任何逆位牌卡，可能就是療癒的關鍵。知識就是力量，而力量就是太陽輪形影不離的好麻吉。

3. 價值

如果你自己經營事業、擔任自由工作者、要求過加薪，或是嘗試顯化出更多的豐盛，就會在第三脈輪中遇到這個課題。一遇到金錢話題就會觸發太陽輪中的價值議題，諷刺的是，這個脈輪跟金錢一點關係也沒有。

價值只是一個透過決定我們要提供世界什麼東西，所想像出來的概念，我覺得非常不合理，因為沒有任何誰是比其他人更有價值的。我們都很有價值，沒有人能給出一個真正代表自己價值的數字，偏偏人類每天都在做這件事。活在一個物質世界中，所有物品和服務都要透過買賣來取得，變相提醒我們自己到底身家如何。數字開始如鬼魅般糾纏不清，在銀行帳戶、衣物、體重計、社交媒體追蹤數、薪水、財務報表等處處可見。藉由一串想像出來的數字來評估一個人的「價值」，並不是近代才有的新觀念，我們以價值來決定人類同胞的命運已經有數千年的歷史，也難怪這樣的思想一直深植在整體社會意識中。

我們如何看待自己的價值會透過不同的方式影響太陽輪。它可能造成脈輪停滯，讓我們覺得缺乏能量，終日死氣沉沉且毫無動力；也能導致太陽輪從本我輪中掏出太多過往的情緒能量，造成胃酸過多和消化系統的壓力。身為創業者，我每天都會遇到這個問題好多次，通常不會造成太大的困擾，因為我知道這只是一種想像，數字並不代表什麼。然而有些時候，我又會被數字綁架，想著收入必須大於支出，不然哪有收益可言，自然也無法享受物質生活。這些想法會刺激到海底輪的安全、安定和穩定課題，然後它們就會手牽手、一起在本我輪所儲存的失敗記憶中興風作浪。

為了擺脫這股隨之而來的羞恥感，你會開始玩數字遊戲，通常數字會超出你的能力範圍，接著事情逐漸變得一發不可收拾。在持續提高這些數字，或是完成越來越宏大的目標之前，我們的自我價值必須先有所成長才行。我說的可不是腦袋想像出的虛擬價值，而是必須從頭到腳充分感受到自身靈魂的價值——這就是位在太陽輪的原始價值，沒有測量標準，是我們「成為自己」時就會創造出來，強化「我就是最好的我」的信念。

「快速轉變療法」（Rapid Transformational Therapy）的創辦人瑪麗莎・皮爾（Marisa Peer）認為，透過每天不斷告訴自己「我就是最好的我」可以改變我們的人生。她不僅寫了一本同名著作《我就是最好的我》，還發起一場「好好與你的太陽輪合作」的運動，教導大眾與生俱來的原始靈魂價值。成為「最好的我」不需要你特別去做什麼是，單純「做你自己」就好，光是這樣就夠了。

練習

讓我們為你的「價值」課題選一張提示卡。這張牌應該要能反映你希望自身價值如何與世界共振，它可能與目前的情況不符，但這張卡就是當你的第三脈輪融合了「我就是最好的我」能量之後，你會成為的模樣。我建議的選擇有節制牌、四張王牌、女皇牌、星星牌、戀人牌、聖杯二或是錢幣十。

當你選好提示卡之後，請花點寫筆記，並回答下述問題：

- 想要確實體驗到高度的價值感，我應該停止什麼樣的信念？
- 擁抱這張牌的能量之後，我的日常生活體驗會有什麼樣的改變？
- 為什麼我希望感到更有價值？
- 我必須率先在生活中的哪些地方啟動這張牌卡的能量？

想要的話，你也可以針對這些題目抽幾張牌解讀。雖然提示卡對此已經有所解答了，不過多抽幾張牌或許可以讓你更了解價值課題對目前的生活造成什麼影響。牌卡上的圖像能讓我們看到一些平常忽略的事情，不妨將它們排成一排，看看提供什麼樣的「導航」建議。

無論是否多抽牌，回答問題時你就已經在調整太陽輪的能量。心靈大師拜倫・凱蒂於《轉念，佛心自在》中提到，透過「提問」我們便能從夢幻泡影中獲得解放，也就是問的問題越多，就越能從自己創造的幻象中抽身。數字導向的價值觀就是一場幻夢，我會很高興能從中解放，你可能也是如此。

4. 遊戲

太陽輪的所有課題中，這可能是最重要的一個。「遊戲」是我們為第三脈輪所能做到最好的事。光是每天花三十分鐘遊玩，就能決定太陽輪的能量是開心又健康，還是沮喪又被動。

「遊戲」最棒的一點，就是對每個人來說都不一樣，可能是運動、在草地上打滾、花時間陪伴自己的小孩或孫子、音樂、舞蹈、繪畫、閱讀、編織或烹飪等等。

如何進行遊戲並不重要，重要的是你確實有在玩樂，由於太陽輪中存在著內在小孩的能量，內在小孩得以獲得療癒、表達自我和鼓舞你的內心。內在小孩的議題就是第三脈輪的議題，這是無可避免的，而遊戲就是療癒、參與、歡慶內在小孩能量的最佳方法。

練習

內在小孩的議題重要到塔羅牌中有幾張相對應的專屬牌卡，比方說四張侍衛牌。侍衛牌提醒我們要與這股赤子般的能量連接，從孩童的眼光看待牌面上的每一個元素，像個好奇寶寶般進行探索。

請把侍衛牌從牌堆中拿出來，面朝上地一字排開。拿出筆記本從錢幣侍衛開始探索，它提醒我們以孩提時代的角度看看我們的物質世界，這也包含自己的身體。還記得任何童年時期影響你至今的重要事件嗎？可能跟金錢、身體、健康或需求是否被滿足有關。花點時間思考這個問題並閉上雙眼，在寫下答案前好好做幾個深呼吸。

等寫完所有關於錢幣侍衛的內容，就可以換成寶劍侍衛。你是否還記得任何童年時期讓你對自己學習能力產生疑慮的的重大事件？回想一下求學經驗，也許是師長家人所說的話，影響了你的學習方式，甚至直到現在都還無法擺脫。回答之前也請花點時間思考，寫完寶劍侍衛的筆記之後，下一個輪到聖杯侍衛。你還記得家人是如何處理情緒的嗎？他們會討論或勇於表達，還是把情緒藏到誰也看不到的地方？如果可以，請寫下一段深刻影響你成年後如何處理情緒的兒時回憶。寫筆記時請慢慢來，別急著完成。最後，讓我們看看權杖侍衛，你家裡對宗教抱持什麼樣的態度？這又對你現在看待和面對世界的方式，有何影響？

我相信你已經針對上述問題寫下非常有啟發性的答案，接下來的日子裡也能繼續深入思考這些訊息。可能也會發現，自己的遊戲能力或意願之所以停滯、阻塞，到底是出於什麼理由。對於從提問中浮現的任何資訊，不要妄下判斷，純粹把它視為筆記本中的文字就好。

下一步就是選出看起來最需要療癒的那一名侍衛，也就是挑出回答問題時，讓你心裡卡卡的那張牌。將這張侍衛牌擺放為逆位，因為它代表了你的內在小孩目前需要清理和淨化的能量，同時也是你的遊戲提示卡。

提示卡所代表的領域，正是你內在小孩最痛苦的部分，阻擋了進行遊戲的能力，不讓更輕鬆、喜悅的事物進到你的人生。讓我告訴你一個好消息：想讓這張牌回歸正軌的關鍵就在於「遊戲」！給內在小孩的療癒方針應該要納入遊戲、冒險、玩伴以及花時間與特別的朋友在一起，而你受傷的侍衛也需要這些，方能再次看到世界的美好。無論你選的是哪一張侍衛牌，遊戲都是唯一的答案。

將逆位侍衛牌放在你前方，並用雙手拿起剩餘的塔羅牌，想像一道黃色的光從太陽輪出現，進入你的胸膛，來到手臂，然後抵達雙手。請開始洗牌，想像黃色的光融入塔羅牌中，洗牌的同時請一邊輕輕地呼吸。等到你覺得牌卡吸收了充足的太陽輪能量，請將牌面向下攤開，同時詢問：「我今天可以怎樣玩耍？」讓你的手輕輕掃過牌卡，若手指出現特別的感應，就把那張牌抽出來，翻面後覆蓋在你的遊戲提示卡上方。

這是提示卡想要給你的訊息，即便抽出來的這張牌卡乍看很沉重，但裡面蘊含著如何讓你心情愉快、生活充滿樂趣的方法。請記得以內在小孩的眼光來解讀這張牌，放下大人的濾鏡，每張牌都能變成一種遊戲，即便是有著痛苦涵義的寶劍三。

你可以每天針對這個問題抽一次牌，並對自己保持信心，你能重新學會如何連接遊戲能量，好好療癒並且與內在小孩同在。你的太陽輪也會很感謝你這麼做。

5. 參與

「參與」時常與「經驗」相混淆，但兩者其實完全不同。在這一章中，我將「經驗」定義為「你擁有的事物」，而「參與」則是「你在經驗中涉入的多寡」，也就是你耗費了多少能量與所擁有的經驗連結，以及在特定期間內，又願意投注多少心力在某個經驗中。或者你也這麼想像：在這場人生賽事中，你是出席了、但在旁邊作壁上觀，還是下場比賽、積極投入？

太陽輪需要我們做的，並不是只在人生賽事裡現個身就好，而是成為一名專注投入且心胸開闊的參與者。但是生活如此忙碌繁雜，參與所有事情根本不可能，人人手上都有一份冗長的待辦清單：工作、職涯規劃、育兒、伴侶關係……有太多事情得填進一天二十四小時中，於是「現身」逐漸等同於「參與」也就不足為奇了。然而，我們多少都曾對「我人有到場」這個消極的念頭心懷歉疚，好像自己只有能力做到這樣。

太陽輪是脈輪系統的行動中心，意思是既然現在你人都已經來了，我希望你能有更進一步的行動，例如好好「參與」眼前發生的事。這就帶出一個問題：如果你比現在多用了一成的力氣去參與自己的人生，會是怎麼樣呢？

練習

你可以透過抽幾張牌卡，直接看到人生中自己深度參與的事物，以及那些不打算涉入的面相。這個十張牌的牌陣會呈現你當前對於人生的參與程度，規模非常龐大，有助於了解參與度的全盤樣貌。請將牌卡依照下圖排列：

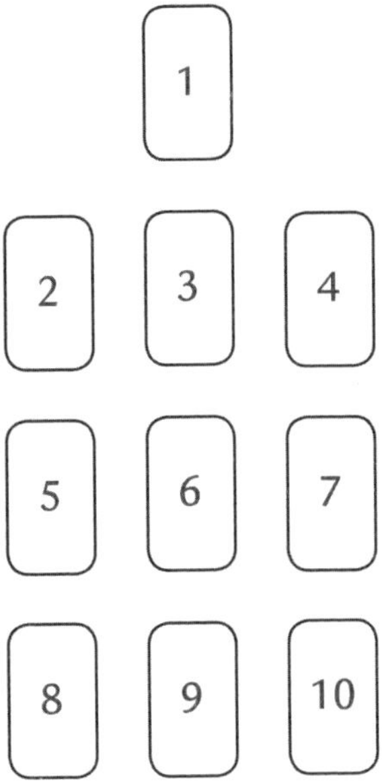

第一張牌：參與自我的程度。你願意給予自己多少？這張牌會讓你了解是否有給自己足夠的時間、空間和關注。

第二張牌：參與自己身體的程度。這張牌會讓你了解目前整體的健康狀況。「參與自己的身體」代表我們會好好關愛它，不會以負面言語批判或覺得身體是頭號敵人；反之，我們希望它能健康、無病無痛、充滿行動力和活力。這張牌會顯現你和身體之間的關係發展。

第三張牌：參與自己心靈的程度。心靈需要你持續關注，如果沒有透過學習不斷成長，就會逐漸凋零。這張牌卡會呈現出你的心靈是否充滿活力、興奮感以及擁有彈性，還是說已經開始變得懶散，不再學習新事物或培養新興趣。

第四張牌：參與自己靈魂的程度。這張牌對有些人來說，可能會有被打臉的感覺。嘴上說自己很有靈性並不難，但要每天確實與自己的靈魂深入互動就是另一回事。這張牌會呈現你與自身靈魂的關係發展、是否有意識地將靈魂帶入日常生活中，以及你有多相信它確實存在。

第五張牌：參與伴侶關係的程度。當你處於一段長期穩定的關係時，很容易忘記要持續參與以及多花心思在另一半身上。這張牌會讓你知道在關係中是否有扮演好自己的角色、是否認真處在每一個當下，以及是否積極地讓關係更緊密、安全、穩定。

第六張牌：參與家庭的程度。這張牌會讓你了解對於直系親屬和整個家族事務，自己是過度參與還是過分疏離。一般來說我們都會過分涉入其中，犧牲了其他領域所需的時間和能量，請特別注意你所抽到的牌。

第七張牌：參與友誼的程度。跟前一題一樣，我們很容易過度干涉、關心朋友的生活，所以請留心所抽到的牌。

第八張牌：參與金錢的程度。這張牌會讓你了解當下與金錢的關係，這是頗為重要的關係，而且你應該要積極涉入，因為這不僅會對你有益、也會對所有人有好處。

第九張牌：參與工作的程度。這張牌會反應出你在創造方面的參與度，工作和職志在人生中佔有一席之地，你每天的時間大多花在這上面，因此會大幅影響其他脈輪。

第十張牌：參與目標和夢想的程度。大多數人都喜歡「目標」這個概念，而且花很多時間想像自己渴望的生活，卻沒有真正與這股能量合作。如果你希望事情成真，就必須投入創造，而這張牌會讓你了解自己是活在空想中，還是在實踐的道路上前進。

請在筆記本記錄牌陣中的每一張牌，同時記得，這些牌卡只是在告訴你那些方面需要更多的愛和關注。所有的能量療癒，都是為了幫助我們在不滿意、常自我批判的生活領域中，帶入更多愛、同理心和善意。

等覺得自己已經盡可能探索這個牌陣之後，接下來利用直覺挑選你的參與提示卡。我推薦的選項有聖杯十、權杖七、錢幣八、戀人牌、錢幣國王、星星牌、權杖皇后、錢幣三和聖杯三。

這張提示卡要能代表你想要如何參與自己的人生，比方說在提高一成的參與程度之後，你希望成為怎樣的人。請在筆記本寫下當你允許這張提示卡的能量進到日常生活時，你的生活會變成什麼樣貌。當我們決定更全心全意參與其中，人生會迅速改變；只需要多一成的參與，人生的轉變就會超乎你的想像。

6. 叛逆

有人說，每個人心中都有小小的叛亂分子，事實真是如此，因為第三脈輪就是我們的叛逆中心，同時也是內在小孩所在之處。有些被稱作「叛逆」的行為，其實就是發脾氣罷了。真正的「叛逆」是為了某個人類的共業在努力，為的是幫助所有人。無論是神話或歷史都充斥以反叛作為解放、革命和獲得自由的方式；從聖經裡的摩西到近代的甘地、曼德拉都是一種反叛，電影《星際大戰》系列的起始點就是一場為了團結與和平而發起的政治叛亂行動。叛亂／叛逆是人類與生俱來的，但並非所有反叛行動都規模龐大，也不是每個行動都非得如此。

我們大部分的人，其實日復一日進行著小小的叛逆，這些小動作讓我們可以用自己的方式參與這個世界，用我們覺得不會造成自己和他人傷害的方式表達自我。每當需要遵守的規矩越多，我們就會變得更叛逆，因為在靈魂深處，我們仍與神聖自我相連結，殘酷、不公不義、桎梏、限制、壓制、迫害、剝奪自由等，都是你的叛逆自我生來要對抗的事物。對此，你最大的反擊就是與神聖自我合而為一。

與神聖自我合一的路途因人而異，就像每個人的叛逆方式各不相同。宗教或許會是達成這個目標的一個方法，不過信仰並不等於與有靈性畫上等號。第十四世達賴喇嘛曾說，他的宗教是慈悲，也在著作教導我們何謂「叛逆」，但他的論點與我們的刻板印象是很不一樣的。知名作家布芮尼・布朗在《每一天的勇氣練習》（Rising Strong as a Spiritual Practice）一書中，提供許多「叛逆」的方法；拜倫・凱蒂在《轉念，佛心自在》引導我們放下空想、看清那些讓我們與真相分離的事物，這也是一種叛逆的靈性之舉。

我相信你也有自己最喜歡的靈性叛逆導師，他們的指導也會成為你內心那個小小叛亂分子的養分，逐漸成長茁壯。導師們在你的內心點燃了星星之火，每一次你決定挺身對抗某個違背內心的事物時，這股火苗都將越發猛烈。

練習

想努力培養內在的叛逆自我，並敞開心胸談論叛逆行為，我們需要利用提示卡進行能量的調校。在這個練習中，我們只會用到大阿爾克那牌，請將它們從牌堆中取出。這張提示卡必須用隨機抽選的，請讓牌面向下後好好洗牌，然後你可以用手指或靈擺感應，也可以切牌選出。用什麼方法都可以，重點是透過直覺接收牌卡想對你說的話，好好讓你的叛逆能量選出那張代表性的大阿爾克那牌吧。

一旦選出了提示卡，請在筆記本新的一頁最上方寫下「我是叛逆的——（抽到的提示卡名稱）」，然後寫下這張卡有什麼地方與叛逆課題有共鳴

——你對這張牌卡的所有了解，現在都必須透過叛逆濾鏡解讀。

舉例來說，假設你抽到高塔牌，「我是叛逆的高塔牌」就是探索的起點。從「叛逆」的角度來解牌，我們可以看到掀起巨變，推翻舊有的思考模式以創造出更具包容性的思想，就是高塔牌所代表的叛逆之路。如果抽到節制牌，你的聲明就會是「我是叛逆的節制牌」，而這張牌與煉金術和療癒有關。這張牌常讓我聯想到調配療癒精油或花精的芳療師，甚至是能量工作者，因為這些不同於大型藥廠的處方儼然是一種叛逆行為。近年來，與大自然攜手合作、找出健康和療癒的平衡也是非常具有叛逆性質的行動。

等寫完提示卡在哪些方面很叛逆之後，想想這些與你有什麼關聯，你是如何與這張牌卡的叛逆能量同步？請記錄這個能量是在何時、何地、如何出現在生命裡，而你又在哪個面向願意積極主動地與之合作。這可能會花你一點時間，不要著急，慢慢寫。如果你在連結提示卡時覺得很困難，或找不到過去使用這個能量的例子，表示這是一股新的能量，牌卡預示你將成為這樣的叛逆者，就等著你接受並實踐。

不妨趁機多加了解你的叛逆提示卡，讓它好好自我介紹一番。請帶著這張牌卡到你平常進行冥想的空間，與它共處一小段時間。把牌卡放在任何看得到的地方，一邊慢慢地深呼吸，一邊將目光聚焦於牌面上，請想像一道黃色的光從你的太陽輪出現，順著呼吸流出，形成一個包裹著你和牌卡的保護泡泡。盡可能放鬆並繼續聚焦在你的牌卡上，就讓腦中的各種念頭自然地浮現，不必抑制它們，就讓思緒流動。靜坐冥想的時間隨你高興，當你覺得可以了，請拿出筆記本記錄過程中的想法或感受。

你會以什麼樣的方式與叛逆提示卡連結，就跟你的叛逆能量一樣是獨一無二的，也就是說，我們與提示卡的合作模式沒有對錯之分，唯一的重點就是雙方要同心協力，並允許它幫助你療癒、清理太陽輪。

---

7. 行動

充滿活動能量的太陽輪是各類行動的中心，這裡也左右我們是主動出擊或是靜觀其變，同時也跟「現在就去做」和「能拖就拖」兩種行為模式密切相關。每當我們決定是否要行動時，就是在這個脈輪中拍板定案。

停不下來的急驚風可能跟太陽輪能量過於活躍有關，而慢郎中的脈輪能量則可能過於遲滯。也就是說，這個能量中心擁有讓我們加速或減速的能力，既能讓人高速運轉、完成一項又一項任務，也能讓人受困於恐懼、動彈不得。拖延症的成因和解決方法全都跟太陽輪有關。《五秒法則》這類書籍如此受歡迎的原因，就是內容直擊你的行動中心，作者梅爾・羅賓斯的方法簡潔又絕妙：倒數五秒後立刻行動。這是與太陽輪合作最直接的方式之一，趕快讓你的能量脫離恐懼，轉移到行動模式。

當然，我們不需要對每件小事都採取行動。有時候不做任何事情就是最好的行動，但是請想想那些因為你不曾採取行動，所以無法擁有的經驗。回想一下你當時是如何讓恐懼、懷疑令你動彈不得，不停因為負面想法而不敢做那些你真的很想做的事情——我們都曾如此。人在承受壓力時會覺得頭昏眼花，壓力直接影響腸胃和肝臟。壓力越大，胃酸就會越高，最後會對身體造成不健康的影響。然而，透過羅賓斯所提供的簡單五秒法則，這些都可以避免，所以請試著倒數五秒，從太陽輪導入正面能量，然後行動吧！

練習

由於行動能量不斷地運作、變化，如何挑選出適合的提示卡可就有趣了。這張卡在正位和逆位的狀態下都必須能順暢運作，你得找一張能同時代表正面行動能量以及負面拖延能量的牌。請拿出塔羅牌挑選，我推薦的選擇有戰車牌、寶劍騎士、權杖騎士、權杖八、寶劍六、高塔牌、愚人牌、惡魔牌和世界牌。

一旦你選定了提示卡，接著該來為它創作兩句祈禱文或肯定語，這兩句分別對應牌卡正位和逆位的狀態。假設你選擇寶劍騎士作為提示卡，可能會想出下述的句子：

- 當我有力量時，我會策馬前往我所想望的事物，斬斷所有恐懼和疑慮。
- 當我受阻時，我會在迴圈裡打轉，無法找到前進的明確道路。

或許你選擇寶劍六，那麼肯定語可能會像是這樣：

- 當我有力量時，我知道何時可以輕鬆優雅、有自信地從一個狀態進到另一個狀態。
- 當我受阻時，要求自己不再走無意義的回頭路會讓我手足無措，就像一艘失去舵手的船。

你可能會想問為什麼要寫「負面」的肯定語。首先，它們並不負面；其次，覺察自己的感受和當前的處境，就是行動的第一步。當你大聲說出受阻肯定語時，太陽輪內部的能量就會轉移，漸漸地，你會感覺自己不再完全與之同步，而且更能擺脫恐懼的陰影。就算你一時半刻還做不到，光是能夠以觀察者的姿態靜靜看著這股能量、從中跳脫出來，也非常有療癒效果。與你的受阻肯定語一同冥想可以快速將這股能量轉向，只有在試圖否認自己的陰影、忽視自己的情緒時，我們才會陷入困境。

接著，來看看這張提示卡如何影響其他脈輪的能量。請根據接下來的指示，擺出兩種脈輪支柱牌陣，並拍下照片記錄：一次是把行動提示卡擺正位，另一次則是擺逆位，這個差異會改變在脈輪系統中流動的能量。這跟你在〈前言〉做的練習非常雷同，但在這個牌陣中使用的是完全不同的牌卡，提供了完全不同的解讀。第一到第三張牌是前面章節中選出的提示卡，當你將行動提示卡放成逆位的時候，記得也要顛倒海底輪和本我輪的提示卡，這會清楚呈現出你在慌張、恐懼、充滿懷疑時，能量處於什麼樣的狀態。第四張到第七張牌請你直覺地從剩下的牌堆抽出，方法不拘，可以洗牌後一次抽四張，或者每次抽牌前都洗一下牌，隨你高興，只要抽的時候牌面向下即可。

第七張牌：頂輪
第六張牌：眉心輪
第五張牌：喉輪
第四張牌：心輪
第三張牌：太陽輪行動提示卡（正位及逆位）
第二張牌：本我輪歡愉提示卡
第一張牌：海底輪安全提示卡

這兩個牌陣含有豐富的資訊，可能需要幾天消化，請在筆記本中逐一解讀每張牌。建議將每個脈輪視為一段旅程中不同的目的地，以海底輪作為第一站，頂輪則是終點，你在每一站會獲得什麼樣的能量和經驗呢？又會對整趟旅行造成什麼樣的影響？此外，也可以針對兩個牌陣進行比較，當成你在檢視兩個非常相似的產品，沒有好壞之分，兩者只是有些微不同。我要再次強調，這樣的練習會把你放在觀察者的位置，從小我和情緒中跳脫出來。

最重要的是，你想研究這兩組牌陣多久都可以，盡可能從中蒐集資訊，讓它們成為傳送到太陽輪療癒能量的一環。

太陽輪塔羅療癒

完成第三脈輪的七個主要課題之後，該來針對你所挖掘出的內容進行能量療癒。請把這一章選出的提示卡都找出來，然後把太陽輪提示卡放在面前，它是太陽輪療癒曼陀羅牌陣的中心牌。

牌卡順序如下：

第一張牌：太陽輪提示卡
第二張牌：自我表達提示卡
第三張牌：賦予力量提示卡
第四張牌：價值提示卡
第五張牌：遊戲提示卡
第六張牌：參與提示卡
第七張牌：叛逆提示卡
第八張牌：行動提示卡

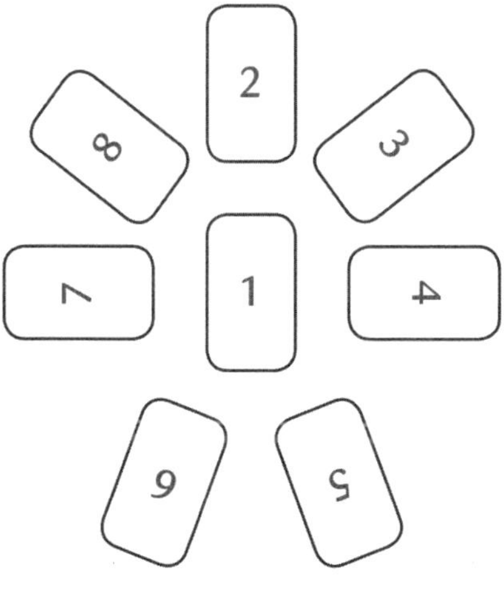

中心牌代表在其他牌卡間來回流動的能量，就像一縷美麗的黃色煙霧，啟動四周的牌卡。接下來要進行視覺化的療癒步驟，請將雙手放在牌卡上，對著太陽輪提示卡的四周牌卡，依序念出下述肯定語。這個塔羅曼陀羅牌陣有助能量療癒的過程更穩定，並讓你得以更深入。肯定語如下：

第二張牌：我對於我是誰、我的定位非常有自信。
第三張牌：我非常堅強而且有能力。
第四張牌：我就是最好的我。我總是如此，將來也一直會是如此。
第五張牌：在充滿愛的宇宙遊樂場裡，我是個充滿玩心的孩子。
第六張牌：我參與人生中的所有面向。
第七張牌：我接納自己的叛逆天性。
第八張牌：我是充滿行動力的靈感源泉。

找一個舒適安靜的地方，確保自己能不被打擾二十分鐘。將曼陀羅牌陣放在可見之處，然後輕輕搓揉掌心並專注地呼吸。搓揉掌心四十秒以啟動掌心的能量中心，你可能會覺得手心有一些熱度，這是很好的現象。現在，將雙手放在肚臍上方，專注在呼吸上，從鼻子吸氣，感受氣息衝擊你的喉嚨、充滿肺部，讓腹部擴張。當你從嘴巴吐氣時，感覺空氣離開身體，注意腹部的凹陷。

等到呼吸變得自然而然，請把注意力放到牌卡上，從太陽輪提示卡開始。想像黃色的煙霧緩緩從這張牌升起，圍繞著塔羅曼陀羅牌陣。每次呼氣時，這縷煙霧就會綿延得更長、更遠，保持這樣的狀態幾分鐘，只專注呼吸並讓雙手保持放在肚子上，感覺腹部的起伏，想像這縷煙霧般的黃色能量融入牌陣中。

當你覺得準備好了，雙手請移動到牌陣上，依序在牌卡上移動並大聲說出對應的肯定語；請重複念這個清單三次。結束時，請放鬆並專注在呼吸，雙手放回太陽輪的位置。當你吸氣時，想像黃色能量從鼻子進入身體，自喉嚨一路往下、充滿肺部，然後移動到手掌下方的太陽輪。吸氣時請放鬆，讓能量清理並淨化太陽輪，並將肯定語植入其中。當你覺得療癒儀式完成後，移開雙手並正常呼吸三十到四十秒，向牌卡表達感謝，練習就完成了。

你可以隨時根據需要，重複這個簡單的塔羅療癒療程，若能記錄過程中帶給你的感受、或任何在療程中得到的啟示會更理想。當你知道的越多、詢問的越多，能夠療癒的就越多。

4

THE HEART CHAKRA

／

心輪

歡迎來到能量系統的中「心」！心輪是整個脈輪系統的中間點，扮演著低位脈輪和高位脈輪的調節者。這個脈輪位在你的胸口正中央，影響著心臟、肺部和胸部的健康。人活著就需要心臟，如果沒有肺部，我們會很難呼吸。（雖然像我這樣的氣喘患者，即使有肺也很難呼吸，但肺部還是很重要的器官。）至於胸部，要知道無論男女都很容易罹患乳腺癌，這也是我們必須關注心輪狀態的一大理由。

本章中，你會依序探索七個心輪處理的課題。這七個課題都擁有專屬的小節，都能提供跟心輪的能量狀態有關的重要資訊。七個課題小節分別為：

1. 夥伴關係（Fellowship）
2. 愛（Love）
3. 同理心（Empathy）
4. 同情心（Compassion）
5. 寬恕（Forgiveness）
6. 慈悲（Kindness）
7. 感恩（Gratitude）

心輪

海底輪是脈輪系統的情緒中心，心輪（梵文為anahata）則是感覺中心。根據心能（HeartMath）基金會的研究，發現「心臟發送給大腦的信號，確實比大腦發送給心臟的信號還多」。[6]可以說，心輪成為我們的第一個腦——感覺的腦，表示我們會透過接收到的感覺來處理絕大多數的資訊。我們對某個事物的「感覺」會影響其他脈輪對該事物的反應，心輪也因此成為我們整個能量體的控制中心。我得強調的一點是，感覺並不等於情緒。「感覺」之中並沒有潛藏的記憶，也沒有能刺激我們的引爆點，所以你可以「感覺」不曾經歷過的事物。

看起來「感覺」和「情緒」的差異非常細微，但千萬別小看這一點。我們的心輪不停與其他脈輪對話，負責處理資訊上下傳輸，並針對身體和思緒應該在何時做出什麼樣的行動或反應，打造出一套劇本。心輪必須過濾各種資訊，並確保它會以對你最有益的方式回應。

心輪既敏感又善解人意，既堅強又充滿彈性。人類是感受的動物，看到外在世

6 "The Science of HeartMath", HeartMath, accessed January 15, 2020, https:// www.heartmath.com/science.

界中的苦難或美善之事，我們的心都會產生回應：不經意的善舉可以讓我們精神為之一振，而聽到流血衝突的新聞會讓全身緊繃。這個世界常以二元對立的方式運作，心輪為了應對來自分裂世界的訊息，所以發展出一套自己的語言。心輪的語言很簡單：你送出什麼就會收到什麼，因為對心輪來說沒有所謂的自我與外在世界之分，有的就只是來來回回的能量。如果送出愛、同情和善良，就會看到合一、愛、同情和善意回到你身上；如果聚焦在分離、恐懼和憤怒並發送出去，那麼憎恨和憤怒就會回到你身上。這是一套簡單優雅的溝通系統，沒有混淆或誤解的空間。

你從心輪送出的任何感受都會成為自己接收到的感受，亦即我們並非透過思緒與廣闊的宇宙交流，而是透過「心」。人類耗費大量時間在自己的想法上，但更應該聚焦在心所傳遞的訊息。心的語言決定思緒的語言，所以就來探索一下你的心在說些什麼吧。

練習

心輪日日夜夜、無時無刻向世界發送的訊息是什麼呢？那是你真心想要傳送的訊息嗎？能回答此問題的，就是你選為心輪提示卡的那張牌。拿起你的塔羅牌，將它們牌面朝上，這樣才好透過感覺與你潛在的提示卡產生連結。由於這會影響所有脈輪，所以請先想想你希望聚焦於心輪中的哪種能量，而這張牌卡將會成為你心輪的語言。選出提示卡之前，請花點時間連結你的心輪。

接下來將塔羅牌在面前攤開，雙手放在你的左胸口上，記得右手在上，好好做幾次深呼吸。透過每一次呼吸，讓自己與心輪安然同在，然後稍稍用雙手按壓胸腔，對心輪區域施加一點壓力，感覺空氣在肺部流進流出。閉上眼睛一會兒，全心投入去連結呼吸與心。現在，移開你的雙手，再好好做一次又長又深的呼吸，然後選定你的提示卡。建議的選項有星星牌、錢幣六、權杖王牌、聖杯王牌和權杖四。選定之後請拿出筆記本，寫下對心中這股能量有什麼感受，並觀察提示卡是如何向外溝通又帶回能量的。

如果可以，我建議你也可以觀察心輪透過這張牌說出什麼樣的詞彙，請一一記錄下來。如果這些就是你日常生活中常用的詞彙，試著練習付諸實行。舉例來說，你選了星星牌，相關詞彙可能有期望、夢想、旅行、黑暗中的旅程和方向。如果你覺得有些概念比較陌生，不妨多花點時間談論你的夢想和期望，找到方法計畫更多旅行。這張提示卡正在教導你一種新的語言，一種從未想過的新溝通方式。讓這張牌卡引導你，透過新的觀看、探索方式，創造出真正以心輪為核心的世界。

1. 夥伴關係

心輪喜歡被氣味相投的人圍繞，它會用各種方式主動找尋這些人。原因不是它非得找個小圈圈待著，而是因為如此一來，人我之間就沒有區別。這就是為什麼大部分的人在感受到歸屬感、友誼或夥伴關係時會表現得更好。不過我要再次強調，心輪之所以尋求這些經驗，是為了讓我們維持在特定的頻率，而不是因為覺得孤單寂寞，這是非常重要的區別。

「夥伴關係」並不代表大家都是友好的，也不代表大家都能大方接受你。夥伴關係是人基於共同原因、經驗或對幸福有共同感受而聚在一起，可能發生在一個人身上或是上百人之間。心輪尋找夥伴關係的方式並沒有硬性規定，會議、商業展覽會、節慶等都是夥伴關係會發生的地點；辦公室、工作場所、線上會議、健行團、運動俱樂部、書店、新書分享會、讀書會也是夥伴關係可能產生的地方。我想你應該開始有概念了，就算你之前都沒有感覺，但心輪對於去哪裡尋找夥伴關係，早就有它的一套看法，這樣才能確保被它所需的頻率與能量圍繞，幫助你保持身心靈的健康。心輪是不是很聰明呢！

那麼，你會去哪裡尋找夥伴關係？誰是你的夥伴，他們讓你感覺如何？對自己誠實的時間到了。在開始撰寫這個章節之前，我也不曾仔細想過這件事，沒有真正探索過心輪的喜好，以及它用什麼方法尋找同伴——我只了解理論面，但不曾認真思考實際應用面。於是我花更多心力了解心輪是如何將我和人事時地物連結。面對夥伴關係時，心輪似乎直接跳過思考，完成不管我們的大腦「認為」應該要怎麼做，而是透過七個脈輪中更深層的能量在運作，為我們找到與自己同步、平衡、可以修復脈輪系統的夥伴關係。在我們根本沒有意識到的狀況下，心輪自動自發地傳送頻率，搜尋相似的結果，引導我們體驗那些能夠療癒我們、讓我們活下去的事物。這真的太厲害了！

練習

讓我們來選一張夥伴關係提示卡，推薦的牌有戀人牌、聖杯二、權杖四、聖杯十、錢幣十、世界牌以及權杖七。我比較建議你用直覺進行選擇，這樣才能最準確地指出夥伴關係中心的運作狀態，不過，若你想要慢慢挑選一張能帶來理想夥伴關係的牌卡，也是可以的。

一旦你選定了提示卡，請花點時間寫探索筆記。思考這張牌會對心輪說什麼，看看你是否能寫出它們之間的對話，可以往它們的對話方式或討論話題進行想像。這部分沒有所謂的正確答案，就讓想像馳騁並記錄下來。

一旦完成了筆記，請將提示卡放在面前，然後找出海底輪的連結提示卡、太陽輪的參與提示卡以及本我輪的歡愉提示卡，將四張牌排列成這個牌陣：

第一張牌：夥伴關係提示卡
第二張牌：連結提示卡
第三張牌：參與提示卡
第四張牌：歡愉提示卡

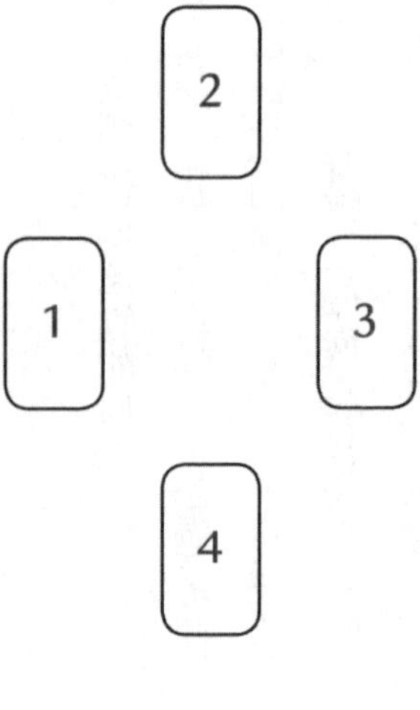

你可以透過牌陣了解心輪如何在夥伴關係中，進行連結、參與，並找

到樂趣。這會提供你視覺化的藍圖，得以知曉心輪是如何蒐集情報，並祕密引導你找到其他有著相同頻率的人。你可以很直觀地看到脈輪之間如何溝通，這是非常有趣的一件事。

現在，你看到的跨脈輪對話跟預期的一樣嗎？還是透露出全新的資訊？請在筆記本中，利用這些牌卡進行對話練習，就像前面針對夥伴關係提示卡做的那樣。去想像這些牌卡彼此是如何聊天的，思考它們的個性，哪些是比較嚴肅的、哪些又是調皮搗蛋的角色？如果覺得自己非常有靈感，你甚至可以將這些牌卡和對話寫成小故事，比如說有四個朋友偷偷計畫讓他們的共同朋友（也就是你）重新接觸人群的故事。不妨為這段故事設定一個場景，例如咖啡廳或運動中心，接下來就隨心所欲地發展這個故事，盡情發揮想像力，看看會出現什麼樣的靈感。請你開心地玩一場紙上遊戲，讓心輪的能量透過你注入筆記本中。

2. 愛

我們要來探討人類最容易誤解的議題和概念——我知道這句話你或許不認同，

但請先讓我解釋一下。

心輪的「愛」並不是你一般會想到的那個「愛」，而是一股純粹的能量，對它來說沒有所謂的好壞，只知道如何給予及接受。它不會批判或質疑，也沒有任何形式的期待。它不期待也不求回報，這是神聖的愛，日日夜夜在我們不知道的情況下進出心輪。唯一會出現的問題，就是你試圖對這股能量該流向誰、或不流向誰下指導棋。

當我們試著要指導愛的能量時，事情往往會變得非常糟糕。如果你看過《鬼靈精》[7]這部電影或同名繪本，就會知道我在說什麼。這個故事告訴我們「愛」是純真的，並非人類所能控制，以及愛會對一個人的心造成什麼影響，最終會改變一個人看待自己和世界的方式。

當我們試著控制心輪時，就變得封閉、多疑、痛苦，容易罹患胸腔感染、乳房病症和心臟問題。如果關閉或扼殺從心輪自然流出的愛，會將第四脈輪變成第二脈輪的備胎——你會把情緒塞進心裡，並開始根據情緒來做決定。心並非情緒中心，這是很重要的資訊。它是一個感覺的脈輪，允許感覺進進出出，但不會妄加議論或批評。你的第四脈輪永遠不應該以第二脈輪備胎的狀態運作，但很不幸許多人都是如此。

我有段時間會定期提供靈氣療癒的服務，時常看到客戶一直把能量從本我輪推向心輪。後來我太太拿到一台能量相機，我們從照片中可以清楚看到，心輪周遭往往圍繞著來自其他脈輪的橘色、紅色和黃色能量，而非理應該有的綠色或粉紅色。我相信這是因為我們一直試著要把「愛」塑造成一個有條件的、與情緒掛鉤的體驗。

練習

我們該探討一個問題：心輪的「愛」對你來說是什麼？

現在來為這個能量選出一張提示卡，建議的牌卡有聖杯王牌、錢幣六、寶劍三、權杖八、力量牌、吊人牌、節制牌和女皇牌。挑選的時候，請記得將牌面朝上。

你可能注意到我把寶劍三放在選項中，因為我相信這是一張能夠展示愛的能量的奇妙牌卡，寶劍三是常常被誤解的牌，就像是心輪的愛一樣。然而，

7. 譯註：原著作者為蘇斯博士，主角鬼靈精是個壞脾氣的精靈，討厭聖誕節，因此誓言偷走鄰近小鎮的節慶，沒想到最終卻被一個小女孩發揮的聖誕精神所感化。

你不一定要贊同我的看法，而且可能也不太熟悉寶劍三的能量，所以不必勉強。只要在尋找提示卡時，保持正念覺察的狀態，就能找到適合自己的。

一旦選定了提示卡，就開始透過筆記探索它能替你的生活帶來什麼幫助，以及當你擺脫情緒的左右、與「愛」的關係不帶批判時，可能會面臨什麼樣的挑戰。

很重要的是，你必須了解心輪裡「愛」的這個功能並不簡單，因為我們並非從小被訓練、或習慣去愛生命中的一切人事物，而是被教導要隱藏自己的心，將它們留給特別的人，在愛的四周設下邊界，絕對不能以任何方式無償獻出自己。我們被強烈灌輸「付出的愛必須有所回報」，若沒有回報就是被利用了，而這個人就不值得我們繼續無償地給予。要知道，愛不像水龍頭那樣容易開開關關，無論我們有沒有特別做什麼，它其實一直都在流動。我們的干預、思想和情緒抑制，都試著阻止愛的流動，反而造成了自己的痛苦，甚至導致疾病纏身。我們對於愛這個能量的誤解，大有可能反過來傷害自己。

等你傾全力寫完牌卡筆記之後，請將提示卡以牌面朝上的方式放在面前。接著將其餘的塔羅牌拿在手上，好好做幾個深呼吸，想像一道美麗的綠色光芒或粉紅色光芒從胸口散發出來，往下走到手臂，進入你的塔羅牌。當這道光完整圍繞著塔羅牌時，請你開始慢慢洗牌，一邊詢問：「今天『愛』希望我了解什麼？」

持續洗牌直到你覺得好了為止，然後請切牌，拿起最上方的那張牌並將它面朝上、蓋在提示卡上方。這就是心輪給你的直接訊息，請好好解讀。如果你覺得需要更多資訊的幫助，請重複這個洗牌、切牌的過程，多抽一到兩張牌卡輔助。我不建議抽超過三張，而且強烈建議你維持只用一張牌。翻開筆記本，並開始思考下述問題：

- 今天「愛」希望我了解什麼？
- 我現在可以從生活中的哪個地方應用這個訊息？
- 我過去是如何抗拒這個訊息？

回答這些問題時，你就能更深入探索，並為心輪蒐集更多後續會用到的資訊。這是非常值得鼓勵的進展，請繼續提問、持續探索，讓心輪的愛不停流動。

3. 同理心

要做到「真正的同理」感覺起來非常不可能，我們真的能夠「設身處地為他人著想」嗎？

同理心是一種了解他人感受的能力，幾乎在所有身心靈課程中，同理心指的是能夠識別出自己身上有哪些與他人雷同的言行，也就是從這個角度來看，內在與外在世界是沒有隔閡的。如何同理他人的方法也許各有不同，但都需要我們大幅轉變看待自身的方式和自己所創造出來的世界——並非每一個人都學過或具備轉變的能力。

同理心是一個說起來好聽、追求起來讓人顯得既良善又高尚的事情。我們大部分人都認為自己能在需要的時候做出有同理心的行為，然而，當我越了解心輪，就越懷疑我們真的了解同理心嗎？

經由「思緒」實踐的同理心，是一種試著了解他人的練習，我們學習從不同的角度去認知並理解大家走在相異的道路上，做出相異的選擇，並創造出不同的後果。但是，經由「心」出發的同理心則是要求自己從「合一」的角度看待一切，人我並沒有分別。正是思緒和心的角力，讓我們無法進入真正的同理心狀態，只要持續將同理心視為「從他人的角度去看某件事情」，我們就沒有在正確的頻率上。

「荷歐波諾波諾」是一種夏威夷的寬恕療法，在二〇〇〇年初由喬・維泰利和伊賀列卡拉・修・藍博士承襲並發揚光大。維泰利和修・藍博士對於真正的同理心，在著作中有著非常美麗的描述。《零極限》一書中，提到修・藍博士如何治好一整間醫院的精神疾病患者，最後甚至這間醫院也不需要存在了。[8]他的方法只有「清理」自己而已，換句話說，就是透過同理心將自己視為所有病患。[9]博士從未與任何一名病患進行諮商，他只是閱讀他們的病歷並自問：「我從那些地方看到了自己？」然後開始進行只有四句話的荷歐波諾波諾療程：

對不起。
請原諒我。
我愛你。
謝謝你。[10]

8. 《零極限》，喬・維泰利、伊賀列卡拉・修・藍博士（方智出版社，二〇〇九）。
9. 同上。
10. 同上。

這些句子讓我們的心充滿了同理。

練習

你可以利用這四句話選擇同理心提示卡。請拿出塔羅牌並將它拿近心口，重複默念三次，好好做一次深呼吸，然後將塔羅牌面朝向下攤開，抽出你的提示卡；如果你抽到的牌是正位的話，請擺成逆位。這張牌展現的是你即將進行「清理」的自我，這個舊版本的自我亟需來自心輪的真正同理心協助。這張牌的特性也將在你周遭的人身上顯現出來，藉此提醒你，這個版本的自我仍需要療癒、被理解和愛。

請盡可能在筆記本中寫下這個版本的你，詳細記錄人格特質、行為模式、社交應對等等內容，看看你是否能替此版本的自我寫一份側寫，練習同理你自己。

等到你覺得已經寫得差不多了，請將提示卡放在聖壇、書架或任何你坐著就能直接看見的地方。用手機計時兩分鐘，點一根蠟燭、燒一些鼠尾草或祕魯聖木，好好深吸幾口淨化的氣息。然後按下計時器，看著你的提示卡，大聲說出四句話進行清理，直到計時器鈴響為止。如果可以的話，請讓蠟燭維持燃燒一陣子，不過如果接下來你稍晚會出門的話，請務必將蠟燭吹熄，並確保周遭沒有其他東西還在燃燒。

如果你有時間，請再次進行筆記書寫，看看進行了一些功課之後，是否改變了你對同理心的觀點。如果你沒時間在做完荷歐波諾波諾療法後馬上寫筆記，可以考慮安排別的時段再做一次練習，並保留至少二十分鐘書寫筆記。

你也可以在覺得有需要的時候，再次與提示卡進行這個練習，次數只要你高興都可以。每一次進行練習的時候，別省略書寫筆記的步驟，這樣才能詳實記錄你在能量或想法上的轉變。持續與同理心合作，也就是跟低位脈輪合作，所以請留心所有從下方浮出的想法，它們可能跟同理心提示卡或課題非常有關連。

同理心或許對你來說仍是難以達成，但至少現在有個工具可以協助你連結到真正的同理心能量。

4. 同情心

同情心與同理心的差異在於，同情不需要你在感覺上認同一個人或一個狀況；你可以有同情心，但不需要理解另一個生命正在經歷什麼樣的遭遇。同情意味著你選擇不要讓對方遭遇的苦難更糟，這是一個會自然而然、輕鬆出現的心理——儘管在現今競爭激烈的世界中，同情心似乎即將絕跡。在日常生活中，似乎很難找到同情心的例子，因為我們傾向不要對自己太有同情心，漸漸地，我們好像變得鐵石心腸，否則沒辦法面對世界上為數眾多的不公不義。媒體持續不斷地放送戰爭、饑荒、槍擊案和侵略行為的影像，並不是說這些社會議題不重要，而是綿延不絕的壞消息只會讓我們變得更冷酷，為了保護自己的情緒而從群體中抽離。這讓同情變得像是無關緊要的小事，因為我們並非經常有多餘的精力可以花在這上面。

我們需要同情心才能保持脈輪的開放、流動和健康，也就是讓同情心在生活中發揮一定程度的作用是很重要的事。

練習

透過這個練習，你會找到同情心提示卡，並據此組織一組同情心牌陣。同情心提示卡會呈現出同情心對你而言的意義，請仔細看看這張牌卡上的圖像，不要太過於在意牌卡的名稱或牌義。當你聚焦在視覺圖像上，心輪應該會產生某種共鳴或感受。牌堆中可以仔細觀察的牌卡，我會推薦力量牌、星星牌、聖杯王牌、女皇牌、吊人牌、逆位惡魔牌、節制牌、錢幣六和逆位錢幣五。

選出牌卡之後，請將它牌面向上放好，接著將其餘的塔羅牌拿近你的心輪，好好做幾個深呼吸，同時想像一道美麗的粉紅色光芒從胸口出現，進入塔羅牌中，想像這道光包圍著塔羅牌，讓源於心輪的同情心能量融入牌卡中。現在開始慢慢洗牌，全心聚焦在於心輪和牌卡之間的連結。等覺得牌洗得差不多時，請抽出四張牌按照下圖所示，擺放在同情心提示卡周圍：

第一張牌：你的同情心提示卡。

第二張牌：流向直系親屬的同情心能量。

第三張牌：流向工作同事或員工的同情心能量。

第四張牌：流向寵物、動物或動物界的同情心能量。

第五張牌：流向居家植物、花園、樹木或自然界的同情心能量。

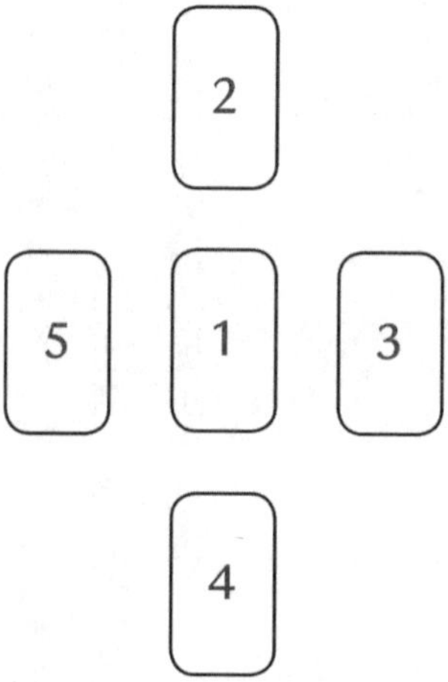

這個牌陣的用意並不是要讓你覺得自己很糟糕，而是要展現你在哪個方面會覺得敞開心房是很安全的、在哪些方面則否。如果看到出現讓你難過、沮喪或不舒服的牌卡，它們代表心輪需要療癒的地方，請不要想選出另一張「更好」的牌，而是要好好地正視、感謝它們，讓它們知道你未來會用更多的同情心澆灌這些面向。請在筆記本記錄下所見所思，探索那些你似乎沒有足夠同情心連結的領域，觀察自己為什麼會如此（不必去做批判或試圖修改結果）。

療癒心輪的一大訣竅，就是要先了解「敞開心房」可能會讓人很不安，因為我們的心輪藏有傷口。這是很正常的事情，也正是你閱讀此書、進行療癒的原因之一。你正努力找出自己最需要愛、同情心、善意和注意力的地方，要是對自己（或人類）付出同情心，現階段對你來說太困難，可以從動物、植物、一朵花，甚至是一棵樹開始——如果牌陣中抽到的牌卡顯示你在動、植物方面有不錯的同情心連結，更該從這裡展開練習。

這就是此牌陣真正的用意，展現出你在什麼方面湧出同情心，而同情心又是從哪個地方回流到你身上。

所以是什麼呢？一旦你從牌陣中找出答案，請每天都用同情心澆灌它，並允許自己接受回流的同情心，因為你做得到。接受來自其他生命的大量同情心，是讓你對自己更溫柔的第一步，並且療癒心輪上的一些傷口。請有意識地，緩慢、溫柔地開啟心輪，讓它回到富有同情心的狀態。

5. 寬恕

寬恕或許是心輪負責的課題中最複雜的一項，因為世界上有太多思想流派在探討什麼是寬恕、如何去寬恕。似乎每個人對於如何寬恕、寬恕誰、為什麼要寬恕都各有想法，對我來說，沒有任何一家的說法能讓我完全折服。身為一個家暴倖存者，我一直收到的提醒是：要讓人生繼續前進的話，我必須寬恕並且放下。但這幾乎是不可能的，要原諒那個蓄意且計畫性再三傷害我的人、那個樂於將痛苦加諸於我卻未受到法律制裁的人，由任何外人來說似乎都站不住腳。

痛苦越大就越難寬恕，所以我並不打算告訴你該如何與寬恕建立關係，這話題對我來說太私密了。不過，我會分享自己是如何找到和平共處之道，以及我是如何指導客戶的。

對我來說，寬恕指的是寬恕自己，這就是我何以有能力將寬恕視為一種療癒行為，以及愛自己和同情自己的行為。當我逐漸接受受虐經驗造成的陰影時，便緩慢但確實地開始寬恕自己。我必須深深寬恕過去的自己——允許事情發生、認為沒有其他辦法，選擇放棄力量的自己，以及我不想再次成為的最糟版本的自己。我必須以「現在的我」為立足點，送出寬恕、善意和同情心給過去的自己，雖然要正視過去的自己非常困難，因為她是如此破碎、虛弱、難以接受，讓我忍不住想深埋進內心的陰暗處。

「寬恕自己」是終其一生的過程，因為有太多需要層層揭開的瘡疤，對我的一些客戶來說，也是一項人生功課。我的寬恕之旅或許與你的不同，這沒關係，無論你選擇的道路是什麼，接下來的練習都會非常有幫助，將告訴你目前的成果如何、還有多少功課要做，並療癒這部分的心輪能量。

練習

想要開始或加強你的寬恕功課，必須先選出一張提示卡。這張牌卡要能反應你希望自己透過寬恕的能量轉變成什麼樣的人。請記得，寬恕是一種能量，存在於我們體內並不斷流動，所以，想想什麼樣的人事物會讓你覺得自己可以成為承載這個能量的容器。

建議的牌卡有女祭司牌、教皇牌、所有皇后牌、力量牌、節制牌、星星牌，當然也有審判牌，因為它是自我寬恕的終極樣貌。一旦你選定提示卡（注意，你不一定非得挑我建議的牌），請在筆記本中寫下為什麼這張牌會讓你有寬恕的感覺。盡可能記錄所有細節，試著好好解釋為什麼你會認為這張牌是善於寬恕的代表？為什麼希望這張牌在寬恕的療癒旅程中協助你？花點時間慢慢寫，不要著急。

等你寫完之後，請拿出塔羅牌，抽出四張「五」牌，並按照以下順序排列：錢幣五、寶劍五、權杖五、聖杯五。將你的寬恕提示卡放在這五張牌的上方，接著從錢幣五開始，大聲說出「我原諒自己……」，然後說出任何心中的想法，例如「我原諒自己不想請求協助」、「我原諒自己讓生活過得這麼糟」或者「我原諒自己一直不肯與那些可以讓我更舒適的人和真實的自己接觸」。

當你覺得沒有其他想說的話時，就換成拿起寶劍五並大聲說「我原諒自己……」同樣說出任何你想到的話，比方說：「我原諒自己總是喜歡爭對錯」、「我原諒自己很蠻橫」、「我原諒自己一直處於防衛狀態」或者「我原諒自己總希望事情照自己的想法走」。請持續說下去，直到你已經無話可說。

接著輪到權杖五，重複這個過程，你可能會想要說「我原諒自己總是會起激烈的反應」、「我原諒自己總是很好鬥」、「我原諒自己總是覺得憤怒」或者「我原諒自己總是對自己和他人很嚴厲」。同樣持續說下去，直到你覺得絞盡腦汁為止。

現在輪到最後一張牌聖杯五，最後一次重複這個過程，可能出現的內容有「我原諒自己是個情緒化的人」、「我原諒自己沒辦法放手」、「我原諒自己一直覺得不知所措」；跟之前一樣，一直說到你想不出話來為止。

如果你願意，也可以在筆記本寫下這個練習所觸發的課題；如果你需要好好哭一場，就去哭吧。哭泣是一種深層的療癒，讓我們得以釋放被阻塞的創傷。

與寬恕能量一同工作從非易事，而且過程往往很混亂，在完成這個小節時，請務必溫柔和慈悲地對待自己。我建議在完成練習後，不妨散個步，淨化一下你的能量場，幫助能量重新在身上扎根，好讓心輪能跟日常世界有穩定的連結。

6. 慈悲

達賴喇嘛常常在訪談和書中提及，作為一名普通僧人，他真正的宗教是慈悲。顯然，他認為慈悲重要到我們必須將其視為一種靈修方法。將慈悲視為一種奉獻的形式，與將它單純視為一種行為是截然不同的，這促使我們擁抱慈悲，把它內化成生活方式或是生活哲學，而不只是基於「這樣做好像是對的」的心態。

對大部分的人來說，慈悲是一種為了他人而做的行為，我們視之為一種個人選擇，就像你可以選擇當個王八蛋或好人。然而，如果從達賴喇嘛將慈悲視為靈修方法的角度來說，這跟選不選擇沒有關係，我們就是以慈悲之光的姿態行走於人世間。我們最終會與慈悲合一、成為慈悲的化身，一如所有靈性奉獻者終將成為他們自身信仰的體現。

這代表我們必須先從自己開始做起，但大部分人在第一步就遇到困難，注意外在世界總是比活在當下並專注內在來得容易。「感恩練習」在過去幾年成為熱門話題，有趣的是，「慈悲筆記」卻沒有得到同等的關注。想像一下，如果每天記錄自己對自己的好，會讓生活有多麼大的不同！假如每天從起床那一刻就敞開心輪、自動轉換到慈悲狀態，你會度過怎樣的一天？想想，如果你每天做的第一件事不是看新聞、看手機、思考那些帶來壓力的事務，而是做一些對自己仁慈的事情、想想如何在這一天中散播慈悲的火花，你的內在腳本會有什麼不同？

靈修可說是一種觀點濾鏡，讓我們以此為基礎看待自己和周遭一切。也許你有不同的看法，但我個人完全支持達賴喇嘛提出的「慈悲是宗教」的概念，而且會開心戴著新濾鏡，好好審視這個世界以及自己在其中的位置。

練習

成為一名慈悲戰士的第一步，就是有意識地選出提示卡。這張卡要能代表你如何看待身為慈悲戰士的自己，或者你希望看到什麼版本的自己，並往這個方向成長。我建議的選項有聖杯騎士、聖杯皇后、聖杯國王、力量牌、權杖七、錢幣三、錢幣騎士、錢幣皇后、錢幣國王、皇帝牌、女皇牌、正義牌、審判牌、節制牌及世界牌。請確認你選了一張覺得與自己的心輪有所連結的牌卡。

選好牌卡之後，請將它拿近你的心輪，深呼吸，與提示卡進行更深的連結。然後，在筆記本寫下這張牌讓你看到什麼樣的自己，無論是當下的版本或是未來的版本。接著想像你們融為一體，感受一下那個版本的你身上穿著的衣服，並注意服飾對你來說是否合身、穿得自在。同時讓那個版本的你的心輪、慈悲和奉獻能量充滿自己，再寫下當這些能量在身體中流竄時，你有什麼感受。請花足夠的時間慢慢寫，不需要急著進到下一個步驟。

等你覺得已經寫好之後，請把慈悲提示卡放在面前，然後將剩餘的塔羅牌拿近心輪。好好做幾個深呼吸，想像一道粉紅色和金色的光從你的心出現，延伸至手中的塔羅牌，為牌卡注入慈悲的能量。當你覺得塔羅牌已經注滿能量時，請將它放下，閉上眼睛一會兒，讓自己的身體與當下穩定地連結。接下來，請將提示卡放在視線所及之處，並為以下問題各抽出一張牌卡：

- 第一張牌：我如何對自己更慈悲一點？
- 第二張牌：我如何將更多慈悲帶進家裡？
- 第三張牌：我如何將更多慈悲帶進工作上？
- 第四張牌：我如何將更多慈悲帶進日常生活？

我建議針對這些牌卡進行深度的筆記探索，特別是當你抽到一些看起來很格格不入、與現況不一致或令人困惑的牌卡，例如高塔牌、惡魔牌、寶劍十、聖杯五或月亮牌，它們需要你停下來、向內挖掘。

請不要抗拒任何出現的牌卡，它的出現是為了帶來療癒訊息，告訴你該如何實踐慈悲，以及為生活帶入更多慈悲。我建議你好好探索為何覺得這張牌卡與現狀不符，或是為何自己感到抗拒。

另外，也請注意是否有牌卡在截至目前的諸多練習中反覆出現。你或許會發現有一張、甚至是數張牌卡從低位脈輪就一路糾纏你，一直到心輪都還在尋求關注。如果想更進一步了解這些牌卡，可以把它們當成冥想的焦點，看看會帶來什麼有助療癒的訊息。

最後請記住，慈悲並不非得是特定的行為，它可以是貫串一生的生活方式。

7. 感恩

我想絕大多數的人應該都聽過「感恩練習」，它已經成為最潮且最棒的身心靈工具。不要誤解我的意思，感恩練習對於維持心輪能量來說非常重要，但做了這麼多練習，你該明白它不是我們唯一需要關注的部分。過去十幾年來，「感恩」的能見度大開是因為與「豐盛」做了連結，許多成功企業人士都有一段感恩故事，讓人產生「練習感恩能快速解決財務問題」的印象。只不過，讓自己被金錢問題牽著走，代表你忽略生命中有著更廣、更深的感恩功課。感恩的觀點，是認為這個世界的一切都受到祝福，當我們透過感恩看待人生，就能從匱乏的濾鏡轉移到充滿支持、富足的濾鏡。

越是心懷感恩與感謝，我們就越能看到值得感恩的事物。這對心輪來說是非常重要的資訊，當你的心感覺到你的感恩之情，就會傳遞訊息到大腦、告訴大腦要尋找更多讓你有這樣感受的事物。經由心和大腦持續尋覓，不知不覺中，你的物質世界就會被形塑成你所感知的版本。感恩當然不是唯一以此方式運行的能量，卻是聲名大噪的那一個。從心輪的角度來看，感恩是我們獲得身心靈健康的必要元素，原因在於它不僅帶來美好的感覺，還打開心輪幫助我們接收更多。感恩非常善於打開我們阻塞且封閉的心輪，讓我們相信自己獲得了宇宙的供應與支持。

我們常因為創傷而切斷了與低位脈輪的連結，感恩可以是重新建立連結的第一步，所以許多療癒師和治療師會要求客戶和病患養成進行感恩練習的習慣。透過「寫下自己所感恩的事」這個行為，就能讓我們透過「參與」連結到太陽輪、透過「記憶」連結到本我輪、透過「連結」連結到海底輪。讓這股能量在海底輪和心輪之間上下傳送，是非常有療癒性的，因為它能讓這幾個脈輪的能量持續流動——這才是我熱愛感恩功課的原因。

健康一直都勝過富有，你必須擁有健康，才能成就任何事情。請每天確認健康都在你的重要事項清單上，即便現在你覺得自己的健康未盡理想，也一定要列到清單裡。

練習

現在讓我們選出你的感恩提示卡。這張牌卡必須跟你處在感恩狀態時的感覺有所關連。你可以透過牌面的圖像來挑選（如果某個圖像特別讓你有感的話），或是透過對牌義的理解來選擇。可能的牌卡選項包含星星牌、吊人牌、魔術師牌、任何一張王牌、聖杯三、錢幣九以及聖杯六。選好提示卡之後，請開始書寫這張牌卡哪方面跟感恩相關，以及你為什麼覺得這張牌最適合用於感恩練習。這張牌卡將會在後續扮演重要角色，幫助你了解自己如何看待感恩，以及如何利用感恩從三個低位脈輪帶出能量。寫筆記的時候，請將這點放在心上。

選出感恩提示卡之後，請找出前面章節選出的參與提示卡、記憶提示卡和連結提示卡，讓我們看看四種能量彼此是怎麼運作的。與塔羅牌合作的一個優點就是可以透過圖像接收到許多訊息。請將四張牌卡以下圖的方式排列：

第一張牌：心輪的感恩提示卡

第二張牌：太陽輪的參與提示卡

第三張牌：本我輪的記憶提示卡

第四張牌：海底輪的連結提示卡

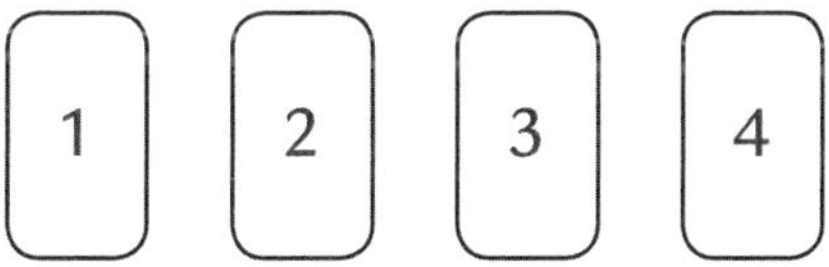

這就是能量上下流動的模式，從心輪出發，開啟一條通道往下抵達海底輪，然後帶著海底輪的能量以及所有來自低位脈輪的訊息回到心輪。能透過四張牌的圖像看到這個流動過程是很神奇的，讓我們有機會看到平常難察覺、這四個脈輪想要訴說的故事。

你的故事是什麼呢？當你做出感恩的行為時，四個脈輪彼此是如何溝通呢？你可以透過筆記或冥想來回答這些問題，不過我建議你從寫筆記開始，看看是否能從中獲得靈光乍現的體悟，因為在紙張上盡情書寫時，我們常常取得最驚奇的突破。

了解感恩如何在你的生活中運作，能夠提供極大助益，而且現在你還有一幅四個脈輪如何透過感恩相互合作的藍圖可以參考——這不正是一件可以加進感恩清單中的好事嗎？

心輪塔羅療癒

現在，你已經完成了第四脈輪中的七個重要課題，該是針對你所挖掘出的內容進行能量療癒的時候了。請把這個章節選出的提示卡都找出來，然後把心輪提示卡放在面前，它是心輪療癒曼陀羅牌陣的中心牌。你的牌卡排列如下：

第一張牌：心輪提示卡
第二張牌：夥伴關係提示卡
第三張牌：愛提示卡
第四張牌：同理心提示卡
第五張牌：同情心提示卡
第六張牌：寬恕提示卡
第七張牌：慈悲提示卡
第八張牌：感恩提示卡

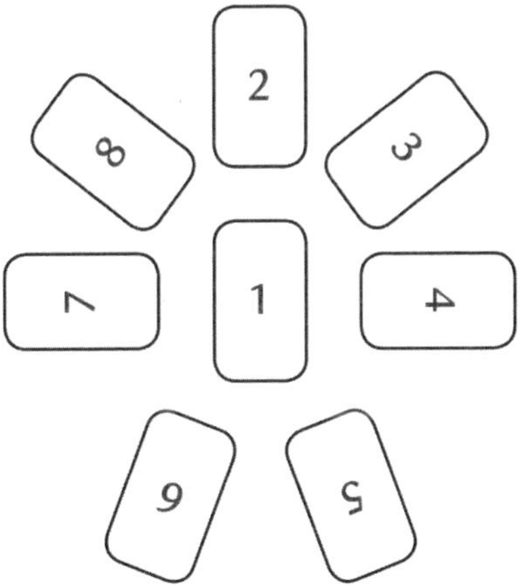

中心牌代表在其他牌卡間來回流動的能量，如同一縷美麗的粉紅色或綠色煙霧，開始啟動四周的牌卡。接下來要進行視覺化的療癒步驟，請將雙手放在牌卡上，對著心輪提示卡的四周牌卡，依序念出下述肯定語。這個塔羅曼陀羅牌陣會幫助你的能量療癒過程更穩定、更加深入。肯定語如下：

第二張牌：我得到積極的支持。
第三張牌：我是神聖之愛的容器。
第四張牌：我清理自己以幫助他人。
第五張牌：我持續透過同情心的濾鏡看世界。
第六張牌：我每天都寬恕自己。
第七張牌：我在生活中實踐慈悲之道。
第八張牌：我真誠地對當下、過去及現在感到感恩。

找一個舒適安靜的地方，確保自己能不被打擾二十分鐘。將你的曼陀羅牌陣放在可見之處，然後輕輕搓揉掌心並專注在呼吸。搓揉掌心四十秒，啟動掌心的能量中心，你可能會覺得手心有一些熱度，這是很好的現象。現在，將雙手放在你的心上，專注地呼吸，從鼻子吸氣，感受氣息衝擊你的喉嚨、充滿肺部，讓腹部擴張。當你從嘴巴吐氣時，感覺空氣離開身體，注意腹部的凹陷。

等到呼吸變得自然而然，請把注意力放到牌卡上，從中心牌、也就是心輪提示卡開始。想像粉紅色或綠色的煙霧緩緩從這張牌升起，圍繞著塔羅曼陀羅牌陣。每次呼氣時，這縷煙霧就會綿延得更長、更遠，保持這樣的狀態幾分鐘，專注地呼吸並讓雙手放在膝蓋上，感覺胸口的起伏，想像這縷粉紅色或綠色能量注入牌陣中。

當你覺得準備好了，雙手請放到牌陣上，依序在牌卡上移動並大聲說出相對應的肯定語；請重複念這個清單三次。結束時，請放鬆並專注在呼吸上，雙手放回心的位置。當你吸氣時，感覺煙霧般的粉紅色或綠色能量從鼻子進入身體，衝擊喉嚨後方、充滿肺部，然後移動到你的胸腔，注入心輪。吸氣時請放鬆，讓能量清理並淨化心輪，並將你的肯定語植入其中。當你覺得療癒儀式完成後，移開雙手並正常呼吸三十到四十秒，向你的牌卡表達感謝，練習就完成了。

你可以隨時根據需要，重複這個簡單的塔羅療癒療程，若能記錄這個療程給你的感受、或任何在療程中得到的啟示會更好。當你知道的越多、詢問的越多，能夠療癒的就越多。

5

THE
THROAT
CHAKRA

／

喉輪

喉輪是第五個脈輪，位在鎖骨正中央的凹陷處。這個能量中心會調節脖子、肩膀、手臂、甲狀腺、副甲狀腺、聲帶、食道、氣管和口腔的健康，也時常被視為溝通中心，因為它掌管我們如何聽跟說，並指揮資訊接收和送出的工作。

我們將在這一章探索喉輪所處理的七個課題，它們都有關於這個脈輪的重要訊息想傳遞給你。

七個課題小節分別為：

1. 聆聽（Listening）
2. 說話（Speaking）
3. 聽見與被聽見（Hearing and Being Heard）
4. 施與受（Giving and Receiving）
5. 決策（Decision-Making）
6. 允諾（Consent）
7. 閱讀與寫作（Reading and Writing）

喉輪

喉輪的梵文為vishuddha，同時負責處理內部和外部溝通，跟著這個章節進行練習，你會比較了解自己的溝通技巧程度到哪裡。大多數人很難進行簡潔扼要的溝通，我在接案時見過許多朋友、伴侶和親人沒辦法好好談論真正重要的事情，反而被枝微末節的瑣事給卡住了。科技（以及它的分支「社交媒體」）對喉輪能量來說，既是福也是禍。對有些人來說，科技為溝通開啟了一個新世界，但另一些人則因為害怕被大眾評論或被不認識的酸民攻擊，而變得不敢發聲。比起過去，我們如今能透過更多不同的形式溝通，但也表示更容易被噪音、訊息和媒體轟炸。

請記得，溝通方式不只侷限於向外傳達。許多人將焦點集中在「說話」這件事上，然而喉輪也深受我們「內在語言」的影響。這些內心對話會在腦海中持續不斷，絕大部分的人都會在心裡跟自己說話，或許你閱讀本書的時候也會有小劇場。我們每天跟自己的交流就是最傷害喉輪的兇手，因為人會傾向將最討人厭的聲音藏在其他人聽不見的地方。

語言是很好的工具，而你如何使用、何時使用，以及為何使用語言，都會影響你的喉輪——可能會帶來正面的療癒，也可能帶來破壞和毀滅。我一點也不意外塔羅牌中的寶劍牌組，時常被認為與溝通相關。寶劍和文字一樣，都是很銳利且危險的東西，兩者都可以用來傷人或給予自由，就端看你如何使用。它們可以賦予一個人力量或靈感，也能減損生命的能量。文字就像寶劍牌組，可以帶來痛苦或磨難，或給予我們重拾歡樂、重新發現自我和存在於世上的原因。我想你已經在本書中學到許多溝通的方法，不論是透過口語、情感、肢體、心靈或頻率，這些都是由喉輪進行調節的。

練習

喉輪提示卡應該要與你的溝通方式相呼應。你是個口語溝通者，抑或是擅長透過情緒進行策略性溝通？還是慣於使用肢體、手勢溝通？你是否對周圍的頻率非常敏感，並以此作為與世界溝通的方式？請在選擇提示卡前仔細思考，因為不同類型的溝通方式會讓你選出非常不同的牌。你或許也該考量自己在溝通時是否感覺自在？大家能不能清楚了解你的意思，還是常常誤會你？

這個練習我強烈建議你使用宮廷牌，因為可以展現出你目前位在哪個階段。你可能是一名聖杯騎士，正在學習與整個世界做情感溝通；或者你會是寶劍皇后，總能一針見血，溝通時沒有模糊的空間；又或許你是權杖國王，派對中的活力泉源、總是能達成目的的健談者，因為你知道如何與不同的頻率連結。這個提示卡必須要誠實代表你對自己聆聽、說話和決策能力的看法。如果你還有學習的空間，可以考慮侍衛牌或騎士牌；如果你知道自己辯才無礙，那麼我會推薦你考慮皇后牌或國王牌。

選好你的提示卡之後，請開始寫下為什麼它能真實、精確地反應當前圍繞在你喉輪的能量。請盡情地書寫，探索該牌卡中的角色可能說出的言論、聽到的內容和做出的決定，也可以針對這三點中會出現的詞彙列一個清單，並運用到你日常的對話中——包含與他人的對話及與自己的對話。花點時間進行這個練習，你可能會花上數日也不一定，但這完全沒關係，只要出發點是為了自我療癒及探索就好，可別淪為自我批判大會了。過程中請保持心輪敞開，在深入探索喉輪時，別忘了對自己保有慈悲和同情心。

1. 聆聽

「聆聽」並不需要具備「聽得見」的能力，以人類為例，不少聽力障礙者反而更善於聆聽，其中不乏完全聽不見的人。聆聽是一種參與的形式，代表你與資訊處在同一個時空，甚至你自己也會成為資訊的一部分。聆聽是同時透過外耳、內耳和中耳運作的。當神祇、指導靈或直覺對我們說話時，通常都是在中耳發出耳語，因為這裡是將頻率振動放大的地方。我們不會在這一小節詳究耳朵如何運作，這部分的內容會保留在後面的「聽見與被聽見」小節。讓我們先進一步探討為何「聆聽」對喉輪來說非常重要。

聆聽逐漸成為一種凋零中的藝術形式，隨著越來越多噪音雜訊在爭奪我們的注意力，大家能專注的時間已不如以往。我是一名積極的聆聽者，時不時碰到有人打開電視或播放音樂之後，想要在背景充滿噪音的狀況下與我交談，這點令我有些困擾。因為當我想要與人對話時，會希望彼此的話語可以成為首要焦點，雙方都能好好地聆聽、分享，並沉浸於對方的故事。

很不幸地，這並非大多數人的溝通方式。如果我在聽音樂，我會想要沉浸在音樂中，讓音樂帶領我；如果在看電視，就會希望注意力都放在正在觀看的內容上，而非房間裡的其他東西。我每天早上寫作的時候，保持空間裡只有我、筆電、我的貓和一扇打開的窗戶，而社區裡的聲音還是會傳到耳裡：鳥兒啁啾、微風吹拂，街道上行車的音量總會在早晨的尖峰時刻累積到最大。這些聲音都在爭取我的注意力，反過來說，它們也在貢獻想要分享的資訊。我們每天都被噪音轟炸，喉輪很難執行真正的聆聽。一個人無法在聆聽時多工作業，你要不就是身在當下、專注投入，否則就是注意力渙散。你的喉輪知道你什麼時候在主動聆聽、什麼時候沒有，它對於我們的耳朵中微小的差異非常敏銳。

你覺得自己善於聆聽嗎？

練習

拿出你的塔羅牌用雙手握住，想像一道藍色的光從喉嚨出現，環繞著手上塔羅牌。好好做幾個深呼吸，幫助你向下扎根，想像這道藍色光將喉輪的能量注入牌卡中。再多做幾次深呼吸之後，慢慢開始洗牌，請你一邊重複以下句子三次：「我聆聽來自喉輪的訊息。」接著將塔羅牌在面前攤開，牌面向下，抽出一張牌卡。只要一張就好，這就是你目前的聆聽提示卡。就算你不喜歡這張牌或覺得難以解讀，都請不要重新抽牌，要信任這就是最能幫助你和喉輪的那張牌。

如果抽到的是大阿爾克那牌，代表喉輪有個特定課題或技巧希望你多加留心。如果抽到宮廷牌，表示你該了解一下自己目前是如何進行聆聽的，牌面上可能是小孩、年輕人或是一名完全投入、位在當下、充滿智慧的大人。如果抽到小阿爾克那牌組的牌卡，反應的是你目前優先將聆聽的能力運用在哪種領域，聖杯代表你可能花比較多注意力在情緒性的語言和資訊，寶劍則是專注在文字或教育性質資訊，錢幣是活動或生理方面的資訊，而權杖則是靈性或以慾望為基礎的資訊。

請在筆記本中盡可能地進行自由書寫，想想這張提示卡跟聆聽有什麼關聯，也不妨探索一下它如何幫你加強或優化聆聽技巧。寫下所有你想得到的事情後，也可以翻閱塔羅書籍蒐集靈感，看看書裡對於這張牌卡在聆聽、注意力、專注和參與等面向有什麼見解。

獲得更多與提示卡相關的資訊後，現在你是否更清楚喉輪想要告訴你的訊息呢？如果還是有點困惑，或者希望取得額外的訊息，你可以再抽兩到三張牌，抽完後也請好好寫筆記，有需要參考書籍的話，記得聚焦於跟這一小節主題相關的資料；你真正要做的就是了解自己究竟有多擅長聆聽。

2. 說話

你喜歡說話，還是比較喜歡靜默不語？我發現喉輪是個有點極端的脈輪，要不是全然開放和極度活躍，就是非常安靜、少有動作。人也是如此，要麼非得持續透過自己的嘴巴在環境中製造聲音，要麼就是安安靜靜地待著。說話者和非說話者是截然不同的人，以相異的方式與世界互動。非說話者通常更擅長觀察，他們花比較多時間檢視環境，並以視覺和聽覺接收、評估資訊。說話者因為比較無法靜下來花時間去聆聽或接收，常忽略很多周遭的資訊；然而，他們確實擁有較好的詰問技巧，往往會獲得超出能力範圍的大量資訊。

我自己是非說話者，而我太太是說話者。我本身沒有在生活裡不斷發聲的需要，事實上，我多半都是安安靜靜地過日子。我妻子則是從睡醒的那一刻就不停說話，直到入睡為止。她可以對任何事物說話，包含床鋪、窗戶、貓、吃的食物、植物，有時候還會對我說話。這個世界對說話者和非說話者來說大異其趣，也因如此，了解自己是哪種人非常重要。

「說話」本身並不一定是壞事，出聲、勇於發言和讓自己被聽見都是喉輪的正向特質。只有在議論八卦或蓄意以惡言攻擊他人時，說話才會變成一個大問題。聲音絕對可以成為非常強而有力的工具，以昆達利尼瑜伽為例，老師會建議學生以自己的聲音作為療癒工具，知名的瑜伽大師賈格上師（Jagat Guru）在著作《無往不利的生活》（Invincible Living）中提到，她的導師瑜伽修行者巴揚（Yogi Bhajan）相信，對我們的肉身來說，自己的聲音是最療癒、最具轉化能力的聲音。有些人美妙的歌喉會讓人感動落淚，有些人的演講熱情澎湃，足以激起群眾運動、大幅改變整個世界。

然而，八卦是喉輪狡詐的產物，如同癌症般在這個世界上擴散、成長、感染。八卦讓脈輪底部的恐懼和懷疑翻騰而上，化為對他人的惡言酸語，肆意散布。這種言論和溝通方式會對喉輪造成損害，日積月累也可能導致口腔相關的疾患。說謊是另一種對喉輪的抑制及傷害，因為喉輪的原始設定是陳述真相，而謊言與此背道而馳。

科技改變了人與人之間說話的方式，以我的經驗來看，如今絕大多數的溝通都是透過社群媒體、電子郵件和通訊軟體進行，遠勝於直接動口。隨著智慧型手機的出現，我們使用的語言也跟著溝通方式一併改變，變得更簡短、快速，以及盡可能與個人無關。你收過多少只用表情符號傳遞的訊息？甚至連我自己都會只用表情符號回覆。這些新的溝通語言以及溝通方式，改變了圍繞著喉輪的能量，不過能量依然需要保持平衡、被賦予力量以及好好療癒，這點是恆常不變的。

練習

為了能更深入地跟喉輪合作，先來選一張說話提示卡。你是說話者還是非說話者呢？這張牌卡要能呈現出你目前的說話風格，你是即使聽眾沒興趣也能喋喋不休，還是偏好進行親密、一對一的對話呢？不管是說話者或非說話者，請你仔細觀察牌卡，找出你認為最能代表自己的圖像。供參考的牌卡選項有女祭司牌、錢幣十、聖杯十、錢幣四、錢幣九、寶劍五、寶劍三和聖杯九。

選好提示卡之後，開始思考這張牌如何分別以主動和被動的方式運作，以及這張牌卡針對你說話時的方式、時機、緣由，指出了什麼樣的優缺點。

盡可能寫下所有你想到的內容，然後參考塔羅書籍找出更多的牌義。如果想要更進階地探討，可以試試另一個書寫練習。把牌卡放在你能看到的地方，目光聚焦在牌面上，讓完整的圖像映入眼簾，然後詢問提示卡：「你是如何使用我這個容器並透過我說話？」拿起筆寫下任何浮現在腦海的內容，不用擔心是否合乎邏輯——寫就對了。你將從中獲得洞見，更了解喉輪如何在身體中運作以及透過你運作。盡量不要批判你寫下的內容，而是視這些資訊為讓你變得更好的助力。

3. 聽見與被聽見

耳朵的運作非常令人驚嘆，聲波振動沿著耳道進入鼓膜，觸動中耳和耳骨。耳朵其實是一個小小的回音室，能將看不見的音波轉換為所謂的「聲音」。雙耳的適應力非常強，我在小女兒身上深刻體認到這點：她曾歷經多次的耳部感染，最後必須進行手術。她多數時候聽到的聲音都是透過腫脹的鼓膜傳遞，全靠她的中耳轉換成清楚、簡潔的版本。她很幸運沒有失去聽覺，說話的能力也沒有受到影響，但有許多人沒有這樣的好運。

聽力和說話之間的關聯我們大部分人很少會意識到，因為太過理所當然。然而，我們聽到的內容會對我們說話的方式造成極大的影響，特別是嬰幼兒時期，而且最終會影響別人如何聽見我們。「希望自己被聽見」的需求源自多種因素，可能是小時候的聽力問題，也可能是因為家中有能言善道的手足，導致自己長期被消音。無論是什麼狀況，你的聽力以及是否能被他人聽見，都會影響你現在的說話方式，以及被周遭世界聽見時的感受，而這一切都與喉輪相連結。

練習

我們前面選出了說話提示卡，現在必須找到它的夥伴，選出聽見提示卡。請拿出塔羅牌，看看是否能找到一張最能代表你聽力的提示卡。選擇牌卡時，我希望你能專注去想自己希望如何被人聽見。是否希望能像權杖國王或皇帝牌那樣，聲若洪鐘地壓過吵鬧人群？還是喜歡周遭的音量最好跟你一樣小聲，好讓內心保持安靜平穩的狀態，就像星星牌或月亮牌？或許你喜歡與人閒聊，不在乎有一些背景音，只要它們不會成為噪音就好，像是聖杯三、權杖四或錢幣十。抑或是你希望完全沒有人聽見，只想要保持低調、融入背景，最好都沒人注意到你，有如隱士牌、聖杯八、權杖二甚至是吊人牌？

我強烈建議你在選擇提示卡時，以牌面圖像作為選擇依據，因為如果你不是非常精於塔羅牌的話，那麼單純透過牌義去找可能會很困難。

「說話」和「被聽見」，這兩張提示卡每天都聯手工作，即便你有聽力障礙也是如此。請將兩張提示卡面朝上放在你前方。

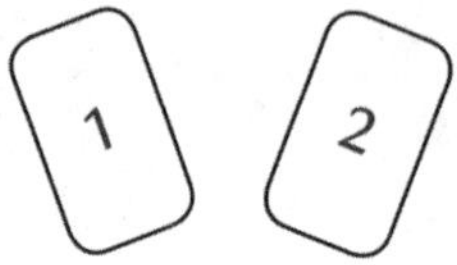

這兩張牌卡既然是一對，就應該一起解讀。將牌卡成對解讀並非塔羅牌的傳統，在雷諾曼卡[11]的領域比較常見，但我非常喜歡成對解讀塔羅牌所帶來的魔力。根據你如何放置這兩張牌，牌組的運作方法會有不同，其代表的意義也會在更動牌卡位置時改變。換句話說，第一對牌組代表你的「聽力」

如何影響你說話，而第二對牌組代表說話如何影響「聽」。

花點時間探索這兩組牌，它們會提供你不同的解讀。你可以根據兩種不同的排列，在筆記本寫下一段過去的經歷，可能是一場派對、一場大型講座、一個工作會議，或只是在家與家人相處。你可以將第一張牌視為一個名詞，第二張牌則是一個形容詞，隨心所欲地發揮創意。請開心地玩，不要猶豫太久，你該快速進行這個小小的練習，大膽使用第一個浮現在腦海中的詞彙。如果有必要，可以設定計時器，只給自己三到五分鐘的時間完成。

接著，我們要進一步運用這兩張牌，請加入你的喉輪提示卡組成一個三張牌牌陣，排列如下：

第一張牌：聽見提示卡

第二張牌：說話提示卡

第三張牌：喉輪提示卡

11. 譯註：Lenormand cards，一種占卜卡，一般是三十六張，由於每張牌涵蓋的意義太多，至少要有兩張牌才能解讀。

現在你可以直接看到喉輪能量如何跟溝通、聽說能力交互運作，能夠更清楚「聽見」和「說話」兩張牌所造成的影響。我非常建議你在完成這個練習後，花一些時間寫筆記，好好檢視這些資訊，看是否能改進或創造出新的或更健康的溝通習慣。

你可能覺得自己目前尚未以理想的方式讓人聽見，這些牌卡所帶來的寶貴資訊能助你一臂之力，比如問題出在你不夠專注，常在不恰當的時間說話。總之，請確保你利用這些資訊是在進行自我療癒，而非自我打擊。等完成一小節的筆記功課之後，請以這段聲明作結：「喉輪，謝謝你在這段探索旅程中，所有告訴我的事情。」這個簡單的動作，會大大改變你對於當前獲得資訊的看法及感受。溝通只是分享資訊，但資訊就是力量，而在這裡力量就是療癒。

喉輪，謝謝你讓這個療癒發生。

4. 施與受

如果你對這個脈輪很熟稔，我猜看到「施與受」這個主題出現在喉輪應該會驚訝，然而，這的確就是喉輪想要教導我們的。當我們聆聽時，就是接受；當我們說話時，就是給予。我們被聽見時，就是接受；當我們聽見他人時，就是給予。有效、清楚、簡潔的溝通完全建立在「施與受」上面。這是人與人之間交換能量的一種形式，有時候則是自己與自己交換。喉輪越健康，一個人就會越頻繁地給予與接受。

不過，一個總是在說話的人不代表擁有健康的喉輪，我們在「說話」這一節已經討論過了，過度使用喉輪就跟未充分利用、沒有在應該發聲時表達一樣，都會傷害脈輪能量。健康的喉輪會了解何時該說話，何時又該聆聽。喉輪運作良好的人不會拚命想控制話題，也不懼怕開口說話，他們找出施與受之間的平衡，得以讓自己和嘈雜的世界穩定交換能量。他們尊重說話者及聆聽者，也了解施與受的重要性。

「快速轉變療法」的發明人瑪麗莎・皮爾會進行一項練習，請大家持續不斷地吸氣，直到已經無法再吸進更多的時候，再開始吐氣，然後持續吐氣，直到你不行為止。[12]這個練習的重點在於展現我們與生俱來的施與受能力：吸氣時得到氧氣，吐

12. 請參考YouTube影片「Do This to Completely HEAL Your Mind and Body」。

氣時還回二氧化碳。如果你是跟大自然特別有連結的身心靈工作者，可能早已針對此事向樹木表達感激了。樹木提供了我們所需的氧氣，我們也提供樹木所需的二氧化碳。施與受就跟我們賴以為生的每一次呼吸同等重要。有趣的是，喉嚨可說是呼吸的中介站，我之所以喜歡皮爾女士的練習，就是因為它讓我們得以自問「我在哪裡吸氣及吐氣？」以及「我在什麼時候會記得吐氣但忘記吸氣？」透過呼吸去協調施與受的能量是非常絕妙的方法，因為人人都有迫切且基本的呼吸需求。

練習

準備選出施與受提示卡時，要先記得一件事：這張牌必須能從一個角度展現給予，另一個角度展現接受，例如在正位時代表給予，在逆位代表接受。這會拓展我們對塔羅牌的理解，所以我希望你先從牌面的圖像去思考，別急著跳到牌義裡面。與「給予」有關的圖像中，錢幣六是一個例子，我們可以從一個角度清楚看到人物正在給予，但從另一個角度看則是接收。四張王牌、女皇牌、錢幣十、聖杯九、寶劍七、節制牌和審判牌也是相同的狀況。如果你剛接觸塔羅而且覺得很困難的話，我建議就從四張王牌挑一張，因為它們的圖像簡單（特別是忠於偉特體系的塔羅牌），你會比較容易進行下去。

在開始寫筆記之前，請思考這張提示卡跟「呼吸」有什麼樣的連結。你也可以先與牌卡連結一下，例如吸氣時將牌卡以正位拿在手中，吐氣時將牌卡顛倒，一邊觀察有什麼樣的感受。正位，吸氣，逆位，吐氣；你呼吸的速度越慢，越能花更多時間與牌卡的不同角度合作。

現在，請在筆記本寫下為什麼你選擇了它，而上面的圖像又說了哪些關於施與受的訊息呢？小阿爾克那的四個牌組有著不同的涵義：聖杯可能代表你是情感上的給予者和接收者，寶劍代表智慧知識方面，權杖代表行動方面，而錢幣代表你是偏腳踏實地、講究實用的給予者與接收者。盡情書寫，然後參考其他塔羅書籍，看看能不能找到更多資訊，記得只要聚焦於「施與受」相關的部分就可以了。

搞不好你會想要拿這張提示卡跟喉輪提示卡，進行在前一小節做過的配對練習，你可以探索兩張卡都在正位和都在逆位傳遞出什麼訊息，更了解施與受如何在喉輪運作，協助你維持幸福、平衡且健康的能量。我們得到的資訊越多，就可以進行越深層的能量療癒。

5. 決策

你是個爛好人還是喜歡唱反調的人呢？不管是哪一種，都會在喉輪創造出一個能量漩渦，讓你養成固定的決策模式，因為你的喉嚨會產生自動反應。

你可能以為決策是腦袋在管的，從「想出解決之道」的角度來說，是腦袋在運作沒錯，但透過聲音傳遞答案就是喉嚨的事了，而且多半成為一種反射動作。你是否曾經一聽到某個要求，就先不假思索地同意了，但這件事從理智上來說根本不該答應。或者反過來，你還沒好好評估某件事是否可行，就立刻斷然拒絕？相信大家都有類似的經驗，這是因為長久累積下來的「Yes」或「No」，替喉輪設下了制約。

一般比較常聽到大家在討論「頭腦」或「心」在跟自己說什麼，但幾乎沒有人討論「喉嚨」想說什麼。這主要是因為喉輪常常受到低估，大多數人認為喉輪是較為單純的脈輪，只跟溝通有關，與沉重的議題沾不上邊，只要一個人能夠表達意見、分享觀點，這個脈輪就會健健康康的——別傻了，事情才沒這麼簡單。另外，我們必須了解喉輪中的決策議題非常重要，其影響會滲透整個日常生活。

正因為如此，知道自己是哪一種人就非常重要，因為你的喉輪對於如何回應所有人生中面臨的選擇早已有了預設腳本。從喉輪蒐集到的這些資料會儲存在大腦中，每當有必須解決的問題或可能的機會出現在你面前時，大腦便會根據這些資料進行處理，然後與喉輪的制約反應相配合。說起來我們只不過是應聲蟲，只會持續給予制式的回應，而建立這套機制的人還是我們自己。

我必須再次強調，這與外在的其他人事物無關，要對此負責的只有自己本身。還是有解套方法，解鈴還需繫鈴人，你得更覺察身上的決策能量、習慣和喉輪的制約反應，有意識地進行重新設定，讓喉輪變得更有力量，對生命更有助益。

練習

我們直接選太陽牌作為決策提示卡，它現在也會成為代表「是」或「否」的牌卡——正位代表肯定，逆位代表否定。天空中的太陽同時代表生命的賜予者和摧毀者，我們沒有太陽活不下去，糧食的生長也仰賴它，然而暴露在太陽下太久不僅會置人於死，也會殺死植物、樹木和草。太陽牌也代表生命的喜悅以及設下明確的界線。換句話說，它讓我們了解什麼時候應該說「好」、什麼時候說「不好」，或在狀況對自己造成威脅時說出：「夠了，請住手。」

將太陽牌以正位的形式放在你的聖壇上，或是任何你坐著就可以看到的地方。好好做幾個穩定深呼吸的同時，讓自己處於舒適狀態，看著太陽牌，感覺身體逐漸錨定於當下。請繼續深呼吸，想想上一次你其實想要說「好」但卻拒絕了的事件。在你看著太陽牌時，一邊想著這個事件，然後將右手覆蓋在喉輪上。你不需要真的碰觸到身體，懸在喉輪前方即可，然後重複說「好」這個字七次，過程中手要一直保持在喉輪上方。好好做幾個深呼吸，讓這個畫面淡出消失，接著把太陽牌轉為逆位。

再次坐好並看著牌卡，同時進行深呼吸，用鼻子吸氣、嘴巴吐氣。一旦覺得重新與牌卡連結好了，請將右手放在喉輪上，回想一個你說了「好」但其實應該說「不要」的事件——你答應只帶來更多麻煩，或許還覺得變得不像自己。接下來請說「不要」七次，手請保持在喉輪上，好好做幾次深呼吸，然後讓這個畫面淡出消失。現在，想像一道美麗的藍色光芒從右手掌流出，在你的喉輪開出含苞待放的美麗花朵。試著想像這朵花逐漸綻放，如果可以，盡可能想像出細節，也許你還能聞到它的芬芳。花幾分鐘讓這個能量在你的喉輪進出，右手同樣一直放在喉輪上，好好做幾個深呼吸，然後讓畫面消失。現在，將你的手放下，放鬆，回到當下。

這個簡單的練習可以重新設定你的決策中心，也讓你更容易辨別何時該接受或拒絕。你可以按照個人喜好重複進行這個太陽牌冥想練習，唯一要注意的是，每次牌卡都要放正位和逆位，這點非常重要。願太陽牌一路引領你。

6. 允諾

我們的社會對「允諾」一事不夠在乎。允諾代表允許某件事情發生，是去接受、允許、同意、應允、提交和讓步。我們常在沒有意識到的狀態下做出允諾，可能是一個點頭、一個聳肩、一句「好啊」。但是，**允諾不只是說「好」這麼單純，而是一個會在未來造成影響的協議。**我們允許自己接受別人的對待方式，也允許我們怎麼對待自己，也允許自己創造出目前的人生。我們多少也允許了生活中出現各種的狀況，無論這些事情是好是壞。

絕大多數的時候，你只是出於習慣而給予同意，就像前一小節談到的，喉輪會累積經驗，並開始自動做出回應。喉輪的行動甚至可能是經過我們同意的，比如說，你長年不停地貶低自己、打擊自己，就表示你同意這樣虐待自己，甚至和自己達成協議，願意將這樣的對待視為理所當然並且全然屈服。讓有毒的人際關係進入日常生活也是如此，如果你經常允許這樣的關係發生，就會變成一種習慣。

別沮喪，這些舊有的信念都可以重新設定。習慣不會一成不變，是可以隨著時間改變或改善的，而且也應該如此。任何你在今生甚或是前世所允諾的事情都可以撤銷，重新訂立協議。

練習

請有意識地選出允諾提示卡，這必須是一張代表你開始能掌控一切，並對自己的發言充滿信心的牌卡。每次看到這張牌，就能感覺你允許自己接受最美善的事物。我建議的選擇有太陽牌、正義牌、世界牌、寶劍國王和皇后、權杖國王和皇后、力量牌及女祭司牌。找好提示卡之後，請將其放在面前看得到的位置，然後雙手拿著剩餘的塔羅牌，花點時間穩定呼吸，想像一道藍色光從喉輪出現，注入你的塔羅牌，再好好做一次深呼吸，看著這道光幫塔羅牌注滿喉輪的能量。當你覺得準備好了，就開始慢慢洗牌，在大聲詢問以下問題的同時，分別各抽一張牌當成答案：

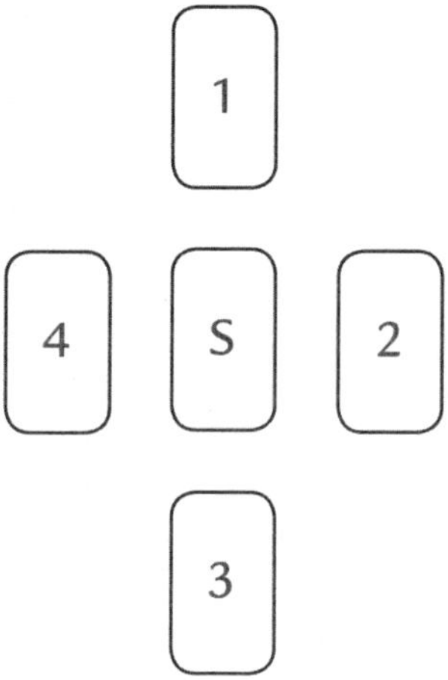

CS：允諾提示卡

第一張牌：我給予身體何種允諾？

第二張牌：我給予財富何種允諾？

第三張牌：我給予我的伴侶或家人何種允諾？

第四張牌：我給予自己何種允諾？

請將牌卡按照圖示擺放，接著請拿出筆記本，當你瞥過這個牌陣時，第一眼看到什麼？什麼是最吸引你注意的？你的筆記就從解釋為什麼它會特別引起注意開始，然後慢慢探索牌陣中的其他牌卡，進行自由書寫，盡可能寫下任何腦海中浮現的內容。寫的時候，盡量使用一些跟允諾有關的詞彙，例如接受、同意、允許、贊同、服從等等。當你越常使用「允諾」的語言，並越來越熟練，往後就會在它出現時更容易察覺。針對這個牌陣書寫筆記時，請多多使用這個語言，參考其他塔羅書籍時，也別忘了注意跟允諾有關的語句。

如果想要擴充你的允諾詞彙庫的話，也可以上網搜尋。你掌握的知識越多，就越容易重新設定喉輪。此外，你越了解允諾如何在人生中運作，就越能清理和刪除所有你曾經允許、但現在對自己不再有益的舊協議和約定。了解喉輪的允諾課題是一種釋放，能讓你從阻礙前進、隱蔽真實自我的能量中解脫。生命中總會有需要你允諾的事物，但並不需要你現在就做，讓自己身在此時此刻是目前唯一重要的事。

7. 閱讀與寫作

我們到目前為止的焦點主要都是喉輪的聲音部分，像是說話發聲或者在腦海中聽到的內在對話等等。然而在這一節中，要把注意力轉向最後兩種由喉輪負責的溝通方式，也就是閱讀和寫作。

一般來說，一個人的閱讀量越多，文筆會越好，開口說話時也能使用更多詞彙。然而，並不是每個人都能隨心所欲地閱讀，也不是每個人都喜歡寫作，有些人甚至在學習閱讀和寫作時遇到很大的困難，我自己就是如此。我小時候很喜歡閱讀，偏偏有嚴重的閱讀困難，因此寫作能力也很差。有人告訴我，我將來的語言能力會低於平均水準，最好找不需要大量文書處理的職業——我想你讀到現在應該知道我沒照做。然而，我在人生的前三十八年對此深信不疑，這就是為什麼我們在不斷告知孩子們他們可能的極限時，必須格外留心。

我之所以分享這段故事，是希望你能明白童年經驗會阻礙喉輪的發展。如果你由於小時候很難取得書籍，所以告訴自己閱讀並不重要，這可能會導致喉輪能量的阻塞。或是你有拼音或文法方面的學習問題，甚至有閱讀障礙，那麼大人當時對你所說的話可能也對喉輪造成損害。如果你曾試著寫日記但失敗了（順帶一提，我就是如此），可能就會覺得自己與寫作無緣；或是有人跟你說閱讀小說散文和寫作是在浪費時間……有太多方法能阻塞、撕裂或壓抑這一部分的喉輪。而且大部分都是殘酷的方式，阻止你探索自己想要如何在這個世界發聲、被聽見，甚至讓你害怕說出真實的自己。

說出真實的自己也常受到批判，有些人會說我們不夠好、麻煩精或最好別出來丟人現眼等等，這些回應都會導致我們人生和脈輪系統發生問題。這就是為什麼寫筆記在本書中佔有一席之地，因為我們一直努力地療癒喉輪，每一個練習都是讓你利用最真實的聲音，緩慢但堅定地在寫作和閱讀課題上創造出獨特的新頻率。這整本書就是一個閱讀和寫作的練習！

練習

拿出塔羅牌，開始尋找與你透過寫作和閱讀分享真實自我相符的圖像。如果你使用的塔羅牌中好像沒有符合的牌卡，可以試著在其他地方尋找能夠描繪出知識、自信或深度思考的圖像，然後看能不能將它對應到某張塔羅牌上。重點在於這個圖像對你來說是有意義的，必須與你如何看待自己這部分的力量，以及自在表達自己相呼應。可能的牌卡選項有教皇牌、女祭司牌、寶劍皇后、寶劍騎士、寶劍王牌、權杖侍衛、錢幣四或權杖三。

當你選好提示卡後，請寫下為什麼這張牌在呼喚你，只要寫下所有浮現在腦海的內容即可，不用去管有沒有邏輯。盡可能去寫，等寫完所有腦中想到的東西之後，請繼續參考其他塔羅書籍，尋找更多資訊；聚焦在跟「寫作與閱讀」相關的就可以了。

如果你想要進行更深入的練習，可以將這張提示卡跟之前的「聽見與被聽見」提示卡配對，並進行解讀，看看這兩張牌是如何相互合作的。記得，兩張牌的運作方式會隨著位置順序而改變，所以請思考你想要怎麼進行：是想讓「聽見與說話」牌卡放在第一張、還是第二張？有關配對解讀的詳細說明，請回頭參考「聽見與被聽見」這一小節。

如果你的心臟夠大顆，想更全面了解說話、聽見、閱讀與寫作如何合而為一、在喉輪一起運作的話，請找出說話提示卡，組成一個三張牌牌組：

第一張牌：聽見與被聽見提示卡

第二張牌：寫作和閱讀提示卡

第三張牌：說話提示卡

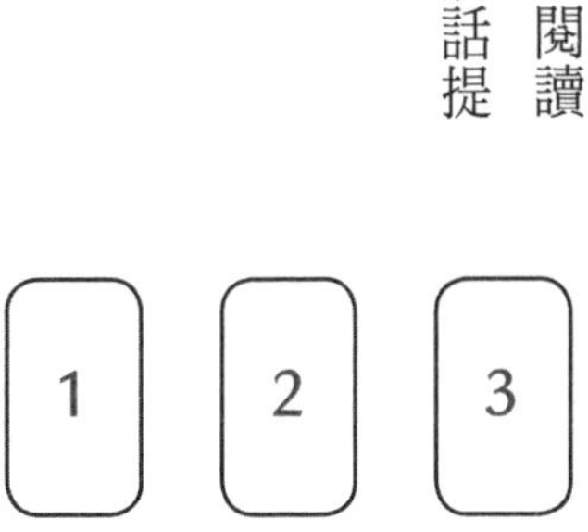

這三張牌卡能讓你直接看到，並理解這些能量是如何在喉輪內運轉的，以及它們又是如何合為一股能夠啟動、療癒並讓你的喉嚨有力的能量。這些牌卡是你喉輪中綻放的花朵！你也能從中了解自己是用溫柔的方式、或強而有力的方式在使用喉輪，或是你就放手讓這朵脈輪之花自行決定怎麼運作。

牌陣中的三張牌所帶有的元素、數字和人物階級，也會讓你知道自己是否對於敞開這個能量中心感到舒適自在，還是情況正好相反。無論是何者，請你都該慶祝能夠從喉輪蒐集到這麼多資訊，好好地祝福和感謝它，讓脈輪知道你會透過持續淨化和清理來榮耀它。

喉輪塔羅療癒

現在，你已經完成第五脈輪中的七個重要課題，該是針對你所挖掘出的內容進行能量療癒的時候了。請把這一章選出的提示卡都找出來，然後把喉輪提示卡放在面前，它是喉輪療癒曼陀羅牌陣的中心牌。你的牌卡排列如下：

第一張牌：喉輪提示卡

第二張牌：聆聽提示卡
第三張牌：說話提示卡
第四張牌：聽見與被聽見提示卡
第五張牌：施與受提示卡
第六張牌：決策提示卡
第七張牌：允諾提示卡
第八張牌：閱讀與寫作提示卡

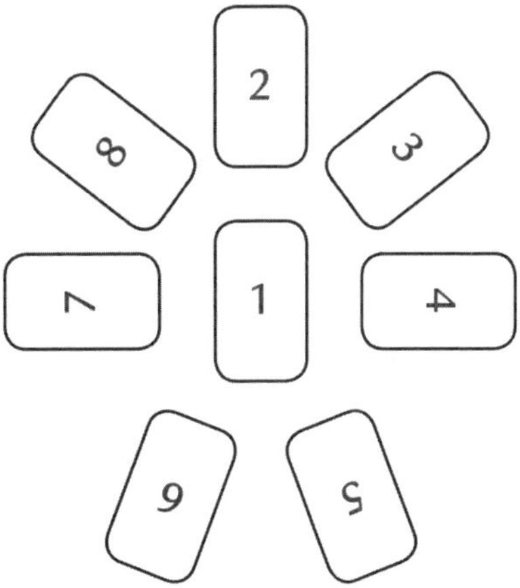

中心牌代表在其他牌卡間來回流動的能量，如同一縷美麗的藍色煙霧，開始啟動四周的牌卡。接下來要進行視覺化的療癒步驟，請將雙手放在牌卡上，對著喉輪提示卡的四周牌卡，依序念出下述肯定語。這個塔羅曼陀羅牌陣會幫助你的能量療癒過程更穩定、更加深入。肯定語如下：

第二張牌：我正在聆聽。
第三張牌：我在需要的時間和地點好好發聲。
第四張牌：我讓自己被聽見，也聽見他人。

第五張牌：我允許資訊流進就跟流出一樣容易。
第六張牌：我善於做決策。
第七張牌：我覺知到自己所立下的約定及給出的允諾。
第八張牌：我允許自己閱讀更多、書寫更自由。

找一個舒適安靜的地方，確保能不被打擾二十分鐘。將你的曼陀羅牌陣放在可見之處，然後輕輕搓揉掌心並專注在呼吸。搓揉掌心四十秒，啟動掌心的能量中心，你可能會覺得手心有一些熱度，這是很好的現象。現在，將雙手放在喉頭，專注地呼吸，從鼻子吸氣，感受氣息觸及你的喉嚨、充滿肺部，讓腹部擴張。當你從嘴巴吐氣時，感覺空氣離開身體和肺部。

等呼吸變得自然而然，請把注意力放到牌卡上，從中心牌、也就是喉輪提示卡開始。想像藍色的煙霧緩緩從這張牌升起，圍繞著塔羅曼陀羅牌陣。每次呼氣時，這縷煙霧就會綿延得更長、更遠，保持這樣的狀態幾分鐘，專注地呼吸並讓雙手放在喉頭，感覺胸口的起伏，想像這縷藍色能量注入牌陣中。

當你覺得準備好就把雙手放到牌陣上，依序在牌卡上移動並大聲說出相對應的肯定語；請重複念這個清單三次。結束時，請放鬆並專注在呼吸上，雙手放回喉部。當你吸氣時，感覺煙霧般的藍色能量從鼻子進入身體，觸及喉嚨後方，注入喉輪。吸氣時請放鬆，讓能量清理並淨化喉輪，並將你的肯定語植入其中。當你覺得療癒儀式完成後，移開雙手並正常呼吸三十到四十秒，向你的牌卡表達感謝，練習就完成了。

你可以隨時根據需要，重複這個簡單的塔羅療癒療程，若能記錄這個療程給你的感受、或任何在療程中得到的啟示會更好。當你知道的越多、詢問的越多，能夠療癒的就越多。

6

THE THIRD EYE CHAKRA

／

眉心輪

眉心輪（又稱第三隻眼）是位在額頭中間的脈輪，與你的雙眼、腦下垂體、眉毛和顱底相連，並對鼻竇有影響。這個脈輪是二十一世紀的超級巨星，一堆人都想打開自己的第三隻眼，過去幾十年間，大家變得不太在乎低位脈輪。諷刺的是，唯有當低位脈輪的狀況良好，第三隻眼才能獲得更多的洞見。這是不容忽視的事實，如果真的想打開第三隻眼並且維持開啟狀態，就必須從下往上打好基礎。

在本章中，你會依序探索七個眉心輪處理的課題。這七個課題都擁有專屬的小節，都能提供跟眉心輪的能量狀態有關的重要資訊。七個課題小節分別為：

1. 直覺（Intuition）
2. 未來（Future）
3. 夢（Dreams）
4. 視覺（Sight）
5. 觀點（Perception）
6. 偏見（Bias）
7. 明晰（Clarity）

眉心輪

眉心輪的梵文為ajna，這是一個複雜的脈輪，但不會像較低位的脈輪那樣明顯地影響我們的生理健康。這個被稱為「預見力」（second sight）的工具最適合用來引導我們覺察自身的療癒狀態，讓我們看見那些在療癒之旅上一直錯過的事物。當然，能夠看到天使或指導靈，甚至瞄到可能的未來事件都很有趣，但是除非看到這些事物有著更重大的目的，否則你算不上是好好運用第三隻眼來幫助自己和身邊的人。

第三隻眼也與你的祖先業力有著密切連結，有些眉心輪失衡的人可能是來自於歷代女性祖先會因與生俱來的洞見力，而受到壓迫的家庭。這些洞見者自古以來往往同時受到讚揚和迫害，我們現在活在一個可以安心使用眉心輪力量的時代，這股力量不再是個人的事，而是將成為更大能量網絡的一部分，所以我們必須好好學習並指導眾人如何以正確的方法運用。你將在後面的內容讀到，眉心輪仍有許多待開發、審視和療癒之處，我們首先必須為這個脈輪找出一張提示卡。

練習

拿出你的塔羅牌，找一張覺得最能代表眉心輪能量的牌卡，或者代表進行療癒之後，你希望自己的眉心輪將能擁有的能量。我建議的牌卡有女祭司牌、吊人牌、月亮牌和任何一張皇后牌。在開始思索牌義之前，我希望你盡可能先透過牌面的圖像來挑選。

挑好提示卡之後，將它放成逆位，「上下顛倒」是能夠帶來洞見的方向。接下來請打開筆記本，針對這張牌進行自由書寫，想像它正在直接與你對話，分享怎麼敞開、使用和療癒眉心輪能量的訣竅；也試著詢問提示卡一些問題，並想像它會提供什麼樣的答案。當你覺得已經絞盡腦汁、寫完自己所能想到的東西，不妨參考其他塔羅書籍，看看還能針對這張牌蒐集到哪些資訊，請特別注意跟第三隻眼、直覺、夢、內在洞見、外在觀察、洞悉未來等領域相關的。

等你已經全力研究完了，試著幫提示卡寫下一段肯定語或意圖聲明，讓它的能量更穩固。不做也沒關係，但我會建議你寫寫看，尤其是這張卡如果代表你試著達成的理想狀態，這麼做會更有幫助。這段簡短的聲明或肯定語，能讓你在療癒、淨化和拓展脈輪能量時，持續與其保持連結。

花點時間進行這個練習，讓眉心輪提示卡為你展示新的資訊吧。後續閱讀這一章的過程中，你會發現自己的視野有時很清晰、有時模模糊糊，有時會完全受到遮蔽。能量不會順著我們的意思任意改變，而是我們必須學習如何與之配合。讓我們繼續深入研究這個複雜的脈輪吧！

1. 直覺

「直覺」這個主題我都可以另寫一本專書了，市面上也有許多相關書籍，有些真的很不錯，但有些則言不及義。有些人對於整個脈輪系統在直覺中扮演什麼樣的角色，有扎實的理解；有些人則認為第三隻眼是獨立的個體。

我希望在讀完這個小節之後，你能了解自己這部分的頻率跟整個脈輪系統是怎麼一起運作的。老實說，想提升直覺力，一定得先從提升其他能量著手。直覺是在經過邏輯思考之前，就先了解某件事情的能力，它可以是一種預感、一種共鳴、一種猜測、一種洞察力或一種印象，其中是來自較低位的脈輪，最終聚集在眉心輪，常常以圖像、片段的線索或內在洞察的方式出現。第三隻眼對於我們能否生存下去也可說是至關重要，所以海底輪的能量自然是參了一腳，而且也是直覺的直接受益者。第一章學過，海底輪希望我們能感到安全、安定和穩定，而第三隻眼會提醒我們低位脈輪的這些擔憂，這也許是我們與生俱來的本能，也可能是後天習得的行為。我認為兩者多少都兼而有之，這也表示我們其實不如自己以為的那麼了解直覺。

我們人類尚未全然理解的事物中，直覺正是其中一樣，可能是因為很少有人將直覺的潛力發揮到極限。就像人類其他與生俱來的技能，我們似乎非常滿足於最低限度地使用直覺，例如用來玩些小魔術讓朋友印象深刻。然而，你想過直覺可能是身體駭客[12]和人類進化的關鍵嗎？「意識基因體計畫」（Flow Genome Project）這個組織早已進行相關研究，並且與Google合作，探索我們進入心流狀態，以及接觸更高層次的意識時，直覺究竟扮演什麼樣的角色，希望能夠以此幫助人類提升解決問題、思考和療癒的能力。換句話說，這些科學團體開始研究如何更實際地運用「直覺」，而非停留在比較抽象的心靈層面。

聽到消息我非常興奮，因為我相信「發揮自己的最大潛能」是人人天生就有的神聖權力。這些計畫為我們敞開一扇能夠更了解自己是誰的大門，以及直覺如何連結起我們這個物種。這又讓我們回到最開始的說法：直覺不是獨立運作，而是仰賴脈輪系統一起合作，並且連接到我們腳下行走的大地以及頭上的宇宙。這是一種貫穿身體的能量，影響我們的今生與前世，還有每一世與我們有緣分的人。

所以，你的直覺是否運作良好呢？

練習

我們只用大阿爾克那牌來抽直覺提示卡。請將牌卡握在手中，做幾次深呼吸，把注意力集中到你的第三隻眼。如果有需要，呼吸時眼睛可以往上翻，幫助你連結到直覺中心。順利連結到之後，眼睛就可以恢復到正常位置，同時慢慢洗牌，然後將牌面向下攤開，接著閉上雙眼做幾次深呼吸，再用指尖掃過這些牌卡。感應過程中請維持雙眼緊閉，找出那張帶給你特殊感覺的牌卡，將牌卡翻開。非常重要的一點是，抽出來的牌卡請保持它的位置，如果是正位，就保持正位，反之亦然。這張牌卡呈現的是你當前的直覺狀態，跟你預想的一樣嗎？還是超乎預期呢？

12. 譯註：body hacker，指透過飲食、科技等所有可行方式，充分掌握自己的生理狀態，進而強化身心。

接下來，看看你可以針對這張牌卡寫出多少與直覺相關的筆記。務必使用跟這一節有關的詞彙，例如預感、直覺、印象、氛圍、洞察和推測等等，並寫下它們跟牌卡上的圖像有什麼關聯。當你寫下所有想法之後，請參考其他塔羅書籍，看看還能找到什麼有關的資訊。我也非常推薦你花幾天的時間，整理出你的直覺狀態簡介。慢慢來，盡可能蒐集資訊，我們會在後續內容探索更多。

---

2. 未來

一如本我輪和海底輪，眉心輪也跟時間相連結。海底輪處理的是當下，本我輪處理的是過去，而眉心輪所探究的是未來和可能的未來。第三隻眼握有的影像是我們所希望創造出的未來，或正在開展中的未來。時間其實是不太穩定的架構，越是了解量子物理和量子力學，就越能了解時間並不是線性的，過去、現在和未來可能會重疊並且相互影響，這也是另一個說明眉心輪如何與低位脈輪密切合作的例子。

有能力看到未來或對未來懷有願景，不只對吸引力法則來說很重要，對療癒工作也很重要，因為你必須能夠看見自己處於幸福和諧的狀態，或者預見自己正在成為理想自我的畫面。你要能夠與未來的影像對頻，全心全意進入那個狀態，眉心輪就是藉由這個方式，將病懨懨的低位脈輪重新轉化為健康的版本。恭喜你，你已經跟隨本書做了許多功課。

吸引力法則教你怎麼用第三隻眼顯化出想要的生活，基本上就是透過想像當自己已經擁有的時候，會有怎樣的體驗、感覺或言行。吸引力法則認為如果你想得夠多、夠頻繁，就不會意識到理想和現況之間的落差，而你的盼望終將成真。這就是眉心輪、海底輪、本我輪和太陽輪齊力扭曲時間和空間，創造出一個你原本只能在腦海中看到的景象。

這聽起來有點超現實，但這並非玩笑話，大家應該都看過非常多吸引力法則的實際案例，無法否認有張能量頻率的網絡正在我們身體中運作。這對正在進行自我療癒的人來說是非常棒的消息，因為你也可以在脈輪中駕馭這股打破時空的力量，讓自己變得越來越幸福。你只要能夠去看見或懷抱這個願景，然後每天都採取行動，它就能成真。不過這也帶出一個問題：你想像力有多好呢？

練習

多數人認為只有小孩才有豐富的想像力，事實並非如此。讓眉心輪聚焦在我們想要創造的未來，想像力是一大關鍵，它讓眉心輪看見一個開心、健康、充滿愛的人生的未來；也是因為想像力在低位脈輪起作用，才會產生吸引力法則的頻率漩渦。所以，想找出你的未來提示卡，必須激發想像力才行。

現在請先想像和感受未來那個健康快樂的你，在敞開並啟動眉心輪的同時，讓想像力盡情奔馳：你的未來是否無憂無慮？是否希望自己未來達到特定的健康狀況？或是你看見自己每天都有進步？無論你關注的未來是什麼樣子，請在選出牌卡前靜靜坐著幾分鐘。在你持續想像這個願景的同時微笑，好讓身體和心靈接收到這樣的未來此時此刻所能帶給你的愉悅感。

當你內心充滿幸福或平靜之後，請拿起塔羅牌，以牌面朝上的方式攤開，找一張與你在眉心輪看到景象相似的牌卡。你很可能找不到一模一樣的（如果有，非常恭喜你），我希望你去找的是能夠給予相似感覺的牌卡圖像，這應該是一張讓你覺得平靜、幸福快樂，甚至是充滿成就感和滿足感的提示卡。尋找的過程中，還請注意你的心輪和海底輪的感受。

選好牌卡之後將它放在面前，然後找出你的當下提示卡及過去提示卡，放在未來提示卡的旁邊，這三張牌會呈現時間是如何在你的脈輪系統中運作。它們展示的畫面是獨一無二的，與你個人的頻率同步。別沮喪，這並不是無法改變的，當你越來越熟悉怎麼跟脈輪系統合作，就會獲得不一樣的結果。現在，請仔細看看這三張在你面前的牌卡：

第一張牌：未來提示卡
第二張牌：當下提示卡
第三張牌：過去提示卡

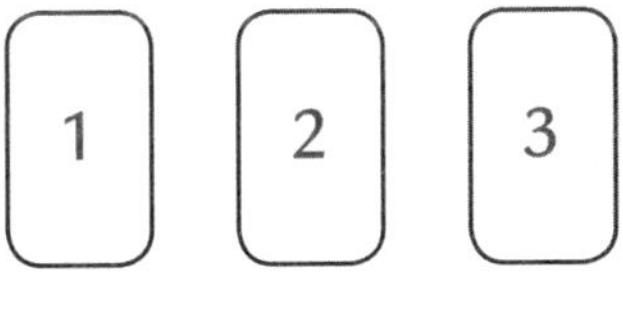

打開筆記本準備進行探索，請寫下你覺得它們是怎麼彼此配合的，創造一個關於這三張牌卡的故事，深入挖掘它們所擁有的扭轉時空能力。請盡情自由發揮，等到覺得自己已經絞盡腦汁了，可以參考看看別的塔羅書是怎麼說的，記得把注意力放在時間、內在洞察、想像力和未來等關鍵字上面。如果想更進一步練習，可以以自己的身心靈健康為主題，創作一個願景板（vision board），我有許多客戶都會用這個小願景板跟未來的自己持續連結。他們會有其他更大、更全面的願景板，但一定會讓這個小願景板獨立出來。如果你想動手做願景板的話，請比照進行。製作時要樂在其中，在想像尚未發生的事情時，讓自己處於快樂的頻率是最重要的事。

3. 夢

夢有兩種：一種是晚上睡覺時做的夢，另一種是你未來的可能性。兩者都發生在眉心輪，然而眉心輪同樣不是它們的發源地，夢是其他東西的最終結果。

我們晚上夢到的內容來自於兩個地方，一個是白天烙印在心、頭腦和直覺裡的剩餘記憶，另一個則是來自本我輪進行療癒和淨化時被激起的過往記憶，惡夢也是一種本我輪釋放不再需要的能量的方法。至於有關我們未來的夢想、或那些很少與人分享的個人美夢，則是來自於海底輪、本我輪和心輪交互堆疊的能量。如果我們針對這些夢想採取行動，太陽輪和喉輪就會跟著參與其中。

我們越有信心實現夢想，就越能開啟頂輪，然而承擔重要支撐任務的卻是眉心輪，因為它是負責維持願景、幫助我們抵達目的地的掌舵手，這一點我們在前一節探索過一部分。很有趣的是，對眉心輪來說「夢想」和「夢境」沒有差異，它只是單純扮演放映兩者的螢幕。由於低位脈輪不停傳遞訊息，眉心輪相信這些資訊必然很重要，因此便將「夢想」和「夢境」轉換成影像，讓你能夠更清楚了解來自生理、心理、情緒和頻率的訊息。搞笑的是，我們大多數人不是不記得，就是不了解晚上做的夢有什麼意義，眉心輪這麼不嫌麻煩地想提供幫助，結果我們有百分之九十的時間根本不會去理會夢境——除非你本身有認真記錄和研究夢境的習慣。

「夢想」則是與眉心輪的未來能量，以及它能夠窺探未來的能力相連結。我們每天都會反覆地夢想去旅行、談戀愛、賺錢、變健康和各式各樣的其他事情。雖然比起「夢境」，我們對夢想比較有印象和掌控力，但是也僅有少數人會認真看待。事實上，任何跟「夢想」有關的東西我們要不是忽視，就是認為只會發生在別人身上，但它們其實非常強大，可以不斷形塑你的人生——只要你夠重視夢想的話。每分每秒都有人在放棄夢想，我在寫這本書的同時，應該有上千萬的人放棄某些事物。眉心輪的辛苦努力就這樣白費了。

夢想百百種，有些比較容易放棄，像我每次一看到蛋糕就放棄保持理想體重！有些夢想是我們永不會放手的，就算看起來有如不可能的任務也一樣。我認為沒有比活了一輩子，卻從沒懷抱遠大夢想更慘的事。眉心輪如此努力地守著願景，持續向你展現人生的各種可能，提供達成夢想的潛在方法，但付出了這麼多，這些夢想往往胎死腹中。

但是我知道你不會任由這件事發生，因為你正在閱讀這本書，想知道如何療癒並發揮眉心輪的力量，還有學習跟脈輪好好合作。這表示你願意探索第三隻眼正在守護的願景，它相信你，我也相信你！同時跟你說一件事，當我們越努力朝著人生的夢想努力，晚上的夢境就會越瘋狂，因為低位脈輪正在認真進行淨化、清理和重新設定，藏在海底輪的過往失敗記憶，可能會經過一番包裝後出現在夢裡面。這是很正常的，請將它視為一種勝利，繼續進行書中的療癒練習，或是跟你的療癒師合作。

練習

無論是夢境或夢想，代表的都是我們無畏的勇氣，選擇提示卡的時候請記得這件事。這張牌要能呈現出你能夠掌握夢之後的樣貌，建議的選擇包含女祭司牌、隱士牌、力量牌、吊人牌、高塔牌、月亮牌、聖杯騎士、權杖九、寶劍八和錢幣七。

選出提示卡後，請花點時間寫筆記，看看可以從牌卡找到什麼資訊，它是否有個關於夢的故事想要分享。想像提示卡談論起你的夢、它的夢，以及兩者如何交織在一起。讓文字宣洩而出，不必管合不合理或是你的文筆優不優美，因為夢的語言很少是合理，夢本身也經常不連貫，在說到重點前會左彎右拐。所以筆記時間你就自由發揮吧，想到什麼就寫什麼，有需要可以翻翻別的塔羅書蒐集更多資訊。等你完成了筆記，接下來要排出一個三張牌牌陣，看看夢的能量是如何運作的。請找出本我輪的誕生與重生提示卡、太陽輪的自我表達提示卡，將三張牌按照下圖所示排列：

第一張牌：誕生與重生提示卡
第二張牌：自我表達提示卡
第三張牌：夢提示卡

它們會告訴你低位脈輪是怎麼跟眉心輪溝通的：本我輪產生了一個創意發想，這個念頭往上來到太陽輪，在此決定自己想要以什麼形式傳達給這個世界，接著就咻地飛到眉心

輪，向你展現低位脈輪認為最有可能的結果。我建議你拍下這個牌陣，下次當眉心輪又接收到一個美夢的時候，就可以翻出這張照片，重溫這個在背後默默運作的小團隊，或許你就不會太快忘記夢想。請針對這個牌陣做筆記，寫出你自己的夢想故事，讓這些牌卡幫助你對夢想和夢境越來越有自信。夢非常重要，不要像其他人那樣忽視它。我對你有信心，你的脈輪也是！

4. 視覺

眉心輪透過肉眼和內在之眼掌管我們的視覺。腦袋裡也有兩個部分負責處理視覺，分別是位在主要運動皮質區的視覺區，以及位在枕葉的視覺皮層。肉眼會折射光線創造出上下顛倒的影像，大腦中這兩個區域會將影像轉向，讓它在視覺上和空間上來說是合理的。經過大腦處理之前的影像都是上下顛倒，這也是雙眼解讀光線的方法，有時候第三隻眼也是用同樣的方法在讀取低位脈輪傳送上來的資訊。所以很多人看不懂或不相信自己內在雙眼看到的事物，因為他們並不了解「看」的運作原理。

視覺和影像是兩個完全不相同的東西，但彼此相互合作，讓我們能針對眼睛所見創造出一個故事。想要創造出影像，我們首先需要光線、邏輯和想像。視覺的本質很複雜，得仰賴我們身體和心理的不同零件，但由於大部分人都能直接透過肉眼去「看」，所以往往將雙眼視為理所當然，忘了視覺是很神奇的事情。很多人在開發或訓練內在雙眼會覺得很挫折，因為他們以為要像肉眼「看」東西那樣順暢是很容易的，不過只要繼續練習，是可以達到這個境界的。

與生理視覺不同的是，內在視覺需要你去了解它是如何聚集來自低位脈輪的能量，匯聚到第三隻眼形成大腦可以看見及理解的影像。

練習

在「直覺」那一小節中，提過低位脈輪如何送出重要的資訊碎片到第三隻眼。就像是進入肉眼的光線，這些資訊經常以上下顛倒的方式出現，這就是逆位塔羅牌可以幫助你開發直覺力的原因，我們也會選出一張逆位的視覺提示卡。請拿出塔羅牌並找出一張最能代表你內在視覺的牌卡，可能的選擇有女祭司牌、吊人牌、正義牌、高塔牌、月亮牌、聖杯王牌、寶劍王牌、寶劍八、寶劍二、聖杯九和任何一張聖杯宮廷牌。

選好提示卡之後，請將它放成逆位，請不要因為理智的大腦希望每件事情看起來都井然有序，而改把牌放成正位。請注意牌卡變成逆位時發生了什麼事，圖像中有什麼東西以往是在下方、現在變成在上方？什麼東西以往在上方、現在變成在下方？在筆記本中記錄圖像上下顛倒之後你有什麼感覺，特別是那些原本知道怎麼解讀，但顛倒後不太確定的部分。請記得，無論圖像是什麼位置，你的肉眼和第三隻眼都遠比想像中更擅長理解和解讀資訊，所以寫筆記的時候，請試著不要想太多。

你可以考慮使用這些句子開頭：「我看到天空現在……」、「我第一個注意到的是……」，或者「我看到這張牌好像在……」。在句子中使用「我看到」或相關的詞彙，可以確保你透過視覺接收訊息，而非用腦袋思考。持續確認那是你「看到」而非「想到」是很重要的。你可以列一個清單，寫下所有在牌卡上看到的東西，有助於篩選出可以辨識的圖像資訊，即便它目前不在正確或符合常理的方向。這就是連結「所見」和「所知」的方法，你在進行的時候會開始「理解」，但在理解之前得先知道自己究竟「看見」什麼。

寫完筆記之後，請把提示卡放在你面前，保持逆位。做幾次深呼吸，想像一道煙霧般的藍紫色光從眉心輪出現；當你吐氣時，這道藍紫色光會發亮，開始圍繞著你和提示卡。想像這道光注入牌卡，將它點亮，開始發光。接著再好好做一次深呼吸，拿起剩餘的塔羅牌慢慢洗牌，想像這道藍紫色光從雙手融入塔羅牌中。當你覺得牌卡已經充滿來自眉心輪的能量後，雙手握住塔羅牌一會兒，並詢問下列問題：

- 我沒看到什麼？
- 我需要看到什麼？
- 我應該停止看什麼？

針對每個問題抽一張牌，並將牌卡依照下圖指示排列：

第一張牌：視覺提示卡
第二張牌：我沒看到什麼？
第三張牌：我需要看到什麼？
第四張牌：我應該停止看什麼？

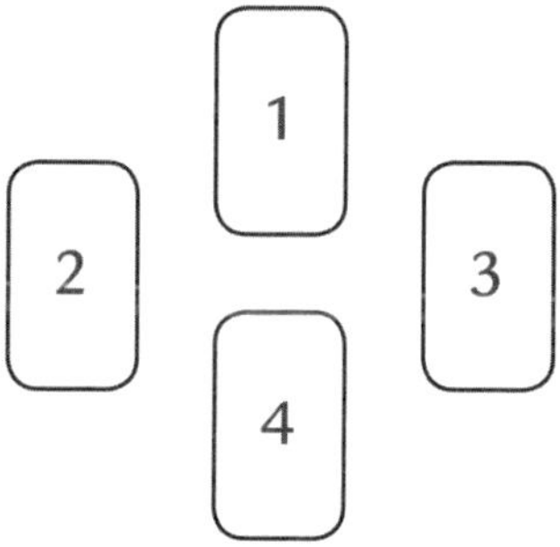

牌卡要以抽出來的方向擺放，也就是說，抽出正位的牌，請維持正位；逆位的牌請維持逆位。這個牌陣會告訴你關於內在和外在視覺當前運作狀況的一些線索。你的注意力「應該」放在哪裡，和「現在」放在哪裡，兩者的差異會說明我們到底讓何種能量支配視覺。「你沒看到的東西」往往早已存在於視野中，只是因為你的注意力都花在「應該停止去看的東西」上，所以才會視而不見。研究這個牌陣越久，就能找到更多盲點，可能還會發現你沒看到的事情，其實直接連結到你的視覺應該聚焦之處，其中可能包含錯失的療癒機會，或是取得對眉心輪更多的了解。這個牌陣在你覺得進退兩難或不知道該往哪個方向前進時，非常有幫助。花點時間針對牌陣中的每張牌卡做點功課，從牌義或圖像上盡可能進行深度探索。得到的資訊越多，你就越能療癒眉心輪，並與它合而為一。

5. 觀點

觀點——你如何看待事情——就是你如何生活。你所做、所說、所信之事，都是以你持續從外界接收的資訊為基礎。觀點甚至會塑造出你如何看待自己，以及認為自己在世界上扮演什麼角色。觀點支配我們的生活，既能帶來限制，也能帶來自由。它會讓我們達成最狂野的夢想，也會讓我們生活在渺小、悲傷、充滿悔恨的人生。然而，觀點並不是亙古不變的，而是會持續變化。

觀點的誕生與消逝都在眉心輪，但仍然牽涉到整個脈輪系統。以經典的「半杯水是半空，還是半滿？」思維來舉例，有些人的預設觀點就是只看到失去的部分，有些人則是看到值得感恩的部分。你可以回想一下自己的預設觀點是哪一種，或者下次仔細聽聽每次提到目前的生活，你都使用什麼樣的措辭。你務必要了解觀點的濾鏡對自己到底有多大的影響；你怎麼看待這個世界以及自己與世界的關係，都會為你的人生定調。你所接收的資訊、創造的機會、賺到的錢、擁有的關係，都會透過觀點濾鏡檢視和吸引而來。然而，你隨時都能改變這個濾鏡。

在進行靈性治療時，療癒師會透過改變顧客的觀點，幫助他們從生病這個劇情中跳脫出來，因為當一個人將自己視為病人，並且不斷重複述說病況，就很難與健康並肩同行。為了讓療癒發生，你必須用不同的觀點看待自己，而且時常轉換濾鏡，例如你可以先從「我是一個久病不癒的人」轉換為「我正在從痼疾中康復」，再來是「我正在康復的過程中」、「我完全康復了」，然後是「我是非常健康的」。每一次的轉換，就是在宣告一個新的自我定位，並創造出全新的人生故事。

但這並不是說說就好，過程中你需要真的改用不同的方法看待自己、持續想像新版本的你，讓觀點濾鏡能夠重新塑造周圍的世界，讓願景成真。我多次協助客戶一起進行這項需要循序漸進的願景工程，也親眼見證他們從病入膏肓的狀態恢復健康，在一年內重回人生軌道。我唯一做的事情就是改變他們的觀點，轉變他們所見，讓新的願景根植於脈輪系統裡面。

練習

由於觀點濾鏡至關重要，請好好花時間挑選理想的提示卡。重要的是，別落入「積極偏向」的陷阱，因為只看到事情正面樂觀的一面是一種侷限，跟只看到負面悲觀的部分具有同等的殺傷力。一個健康的觀點濾鏡能夠接納人事物最原本的樣子，你唯一改變的是自己看待它們的方式。舉例來說，我們不能改變難相處的人，但與其視他們為想搞死我們的壞人，不如視他們為有著許多舊傷痛的人。我們也無法改變其他人想走的道路，但可以將他們視為基於自己的觀點濾鏡、走在想要的道路上，我們能做的就是接受、尊重他們的選擇，而非強迫對方一定要按照我們希望的方向走。所以關於觀點提示卡，你真正要找的是能夠呼應你希望如何看待自己和周遭世界的牌卡，建議的選項有太陽牌、節制牌、教皇牌、女皇牌、命運之輪、審判牌、任何一張王牌、錢幣三、權杖四、聖杯三和寶劍八。

當選定牌卡後，請寫下你希望透過提示卡的觀點看到什麼樣的世界。想像自己就是這張牌，寫下你看到什麼、你如何看待它，以及套上它的能量之後有什麼感覺。因為這是你自己選出來的牌，請盡可能地多寫點筆記。努力深入挖掘，讓文字泉湧而出，不需要思考太多。這不是作文比賽，別在意文筆或結構好不好，只要讓文字自然呈現就好。如果內容現在看起來不合理也沒關係，你寫出來的可能是一張清單、很多個短句、一到兩段話或一整頁的文字，這都無所謂，重點是進行這個練習，去探索自己在觀點上的轉變。

當你覺得已經絞盡腦汁了，請拿出剩餘的塔羅牌，針對下述問題抽牌：

- 我現在能採取什麼行動，將觀點轉移到更正面的狀態？

將這張牌放在觀點提示卡的旁邊，想像它們正在進行一場對話。對話中可能會帶出這個問題的重點答案，請拿起筆，看看你是否能記錄下一些資訊。不用擔心寫錯字或文法怪怪的，也不用刻意去寫完整的句子，只要先寫下你感覺到或者想像自己聽到的內容，之後隨時可以繼續在筆記本中深入探索。讓兩張牌卡之間的對話持續進行，直到你覺得它們能說的都說完了；如果你還有心力的話，可以試著從寫下的內容挖掘更多訊息。如果覺得現在不是時候，之後再做也無妨。

觀點的轉換並不快速，需要耗費一定的時間，所以你不能急，但可以透過確認你目前的進展、並看看可以採取什麼行動，每天做出一點點轉變，持之以恆就能達到你的目的地。

6. 偏見

不管承不承認，我們都是透過偏見看世界的。偏見來自我們的信念，會改變我們的觀點，也會過濾掉傳遞給我們的資訊，並決定我們對什麼興致勃勃又對什麼興趣缺缺。偏見也會阻礙潛能，會限制我們與機會、人和資訊接觸。當我們僅根據過去的經驗來尋找自己偏好的事情時，往往就會錯失許多成長的良機。偏見會干擾一個人的療癒旅程，因為人常常傾向於待在舒適圈裡，抗拒尋求真的能予以協助的事物。偏見也會過濾你看見東西，和你允許第三隻眼看見的內容，你會比較注意自己偏好的影像、願景和靈感。

人類對於偏見最大的誤解之一，就是以為偏見只會出現在比較負面的地方，例如種族偏見或宗教偏見。但事實上，我們對每件事情都會有偏見，從花朵、寵物、顏色、服飾、吃的食物、聽的音樂、看的影視節目，不一而足；偏見單純表示我們到底是支持還是反對某個事物。偏見決定了我們會把什麼認定為「優勢」和「劣勢」。這是一個非常簡單的概念，但會大幅影響我們的言行舉止。

如同觀點，偏見也是一個濾鏡，是我們看待世界、自己和世界中其他人事物的一種方法。我們透過偏見給予世界排序、架構和意義，也是決定自己定位的依據。我們會判斷自己跟其他有情眾生相比，孰優孰劣，然後總結出自己的階級位分，並且利用偏見讓自己維持在這個位置。然而，眉心輪跟偏見的合作方式與頭腦不同，這就造成了麻煩。我們的靈感並沒有任何次序或階級的概念，它知道的只有資訊和振動頻率，而傳送給我們重要內容會先經過觀點過濾，接著再被偏見篩選一次。等到你注意到第三隻眼的訊息時，得到的都是稀釋過的版本。這件事會發生在所有人身上，然而有些人會察覺到偏見做了什麼好事，進而質疑自己的所思所見，特別是出現在第三隻眼的訊息。換句話說，我們正在慢慢拆解資訊中的偏見和觀點，讓真實的資訊發聲，不再受到干擾。

由於眉心輪並非獨立運作，而是會跟整個脈輪系統協力合作，所以偏見會在你全身流竄，需要進行很多拆解工作才能讓我們得到身心靈健康狀態的真相。我們無法一勞永逸地擺脫偏見，身而為人，我們一直都會有喜歡、不喜歡的事物。這個能量會是我們看待一切的濾鏡，但我們可以改變它，變得更能覺察它的存在，以及學會去質疑自己的所見所思。換句話說，我們可以用更好的方法來應對偏見。

練習

你想要以什麼方式跟偏見互動呢？當偏見從眉心輪升起時，你會如何起身對抗？在你挑選提示卡之前，請好好思考這兩個問題。你將需要一名機警公正的管家，它知道偏見並非全然不好，而且願意協助清理和淨化這個能量，讓你可以看得更清晰。建議的提示卡有力量牌、高塔牌、惡魔牌、正義牌、審判牌、寶劍騎士、皇后和國王、寶劍二、寶劍八、以及權杖騎士、皇后和國王。

當你選定提示卡後，請自問幾個問題，並記錄答案。第一個問題是：

「我現在的偏見對我的療癒旅程造成什麼樣的破壞？」無論浮現的答案是什麼，請坦然接受，不用試著美化或粉飾，然後從這個答案去問下一個問題。例如，提示卡帶來的訊息跟食物或金錢有關，就可以詢問這方面的偏見如何阻擋你獲得健康。不管出現什麼答案，請從它去延伸出下一個問題。

問問題的時候，都要給自己一點時間連結第三隻眼。詢問問題，然而閉起你的雙眼，讓所見、所聽幫助你回答問題。你可能會發現，每次提問的時候會開始浮現影像，這些問題好像變成一個個觸發點，這是很好的情況，代表你正在讓眉心輪加入對話。如果你覺得什麼都沒出現，或是影像不太清楚，比較像是閃過的顏色或光線，那也很好，表示你跟第三隻眼的對話過程正在起步。不要放棄，請繼續努力。跟提示卡進行問答直到你想不出問題為止，然後回頭審視所有的回答，看看挖掘出哪些資訊。

如果你問答的時間很短，或覺得自己寫不出多少筆記，請不要灰心喪志，只要繼續進行療癒和清理工作，它們就會隨著時間、耐心和練習出現。然而，如果你覺得需要針對答案取得額外資訊，可以抽出一或兩張牌，放在提示卡旁邊，也許能幫助你釐清。越了解偏見如何在第三隻眼運作，就越能看見它如何影響你的日常生活。每一次小小的進步都是療癒工作的進展，繼續努力就對了！

7. 明晰

除了直覺之外，明晰是多數人想要開發眉心輪的另一個主因。擁有健康的第三隻眼代表我們思緒清明，有著清楚的願景，可以讓我們減少懷疑，更有效地做出決策。希望自己能夠清楚透徹地理解眼前所見，或是來自直覺和身體的訊息，是令人欽佩的事情，不過，你即便達到明晰的境界，還是有可能做不到心裡的目標。就算你可以看穿偏見和觀點把戲，不代表就能脫離舊有的狀態。

「明晰」也會增加海底輪的焦慮和不安定感，讓你覺得受到威脅。它並不只是讓你更清楚地觀看事物而已，也關乎更深度地理解事物。理解是一種接受的舉動，當我們理解某件事情就會接受它的本質。明晰有助我們進入「所見即為所見」的狀態——當某件事情變得清晰無比，你就無法繼續逃避，也未必能夠只看到讓你開心的一面。換句話說，明晰會同時帶來好消息和壞消息，這或許也是大家在開啟眉心輪並臣服於其能量時，感到困惑掙扎的原因。

正因為如此，我們不會將第三隻眼獨立看待，它是更大型能量系統的一環。為了能夠擁有明晰的視野，認真進行療癒之旅，並對於所聽、所說和所見不再恐懼，我們必須擁有幸福健康的低位脈輪。低位脈輪的反應將決定你是否能更透澈地看待一切，還是反過來封閉了眉心輪。封閉眉心輪會阻礙能量從低位脈輪傳遞到頂輪，也會阻礙頂輪輸送能量給低位脈輪，這可不是我們樂見的發展。

要如何往明晰的境界邁進，卻又不會在看見過往的陰影時觸發恐懼而轉身逃避呢？答案是要慢慢來，溫柔地接受。我們不需要喜歡明晰帶來的資訊，但必須學著與它共處，才能更加理解資訊的意涵。我們唯一需要做的，就是溫柔且充滿愛地接受它。

練習

等到能夠嫻熟地和明晰合作，和緩溫柔地接受新資訊（不論好壞）時，你對自己有什麼看法？拿出塔羅牌，找出一張讓你覺得最能反映這個理想狀態的牌卡。這張提示卡得勇敢、堅強、溫柔，而且渴望理解。我建議的牌卡有教皇牌、力量牌、隱士牌、節制牌、正義牌、審判牌、以及任何一張皇后牌。

選定了提示卡後，請將牌面向上放在前方，雙手放在牌卡上方，先深呼吸，放鬆你的肩膀，再次深呼吸，同時專注於觀想氣息在你的心輪進出。當你緩緩透過心輪吸氣、吐氣時，想像有道藍紫色的光照亮你位於眉心的第三隻眼。隨著每一次的吸氣與吐氣，這道光的顏色越來越深，範圍逐漸擴大。冥想時請不要給第三隻眼太多壓力，讓它以自己的步調慢慢進行。讓你自己安定下來，保持兩個脈輪敞開以及共同合作的狀態，雙手要維持在牌卡上方，替你的明晰中心創造一個能量循環。

當你覺得自在放鬆，與能量循環達成同步時，請重複說出：「我願意在生命中的每個領域接受明晰。」大聲說出這個宣言三次，完成後做一次深呼吸，從鼻子吸氣、嘴巴吐氣，然後再用同樣的方法深呼吸一次，讓心輪和眉心輪慢慢地縮小、斷開循環。做最後一次深呼吸，從鼻子吸氣、嘴巴吐氣，讓你的覺知回到當下這個空間和自己的身體。

接著打開筆記本，寫下方才同時連結牌卡、第三隻眼和心輪時，有什麼體驗。探討任何想到的事情，或是你在連結能量循環時看到了什麼影像。或許你會注意到身體出現某些狀況，例如疼痛、搔癢感或反胃，如果有的話請記錄下來。你可以考慮用這個句子為開頭：「當我接受我的願景，並開啟明晰中心時，我注意到……」後面就用任何浮現出來的想法寫完這個句子；也許你內心對此有點抗拒，那麼也可以寫「我不喜歡填空式的練習」。

你體驗到的也許不是抗拒，而是跟「接受」有關，這表示你希望自己增加對事物的接受度，這對療癒之旅會很有幫助的。只有當我們接受自己現在所能做到的，才有辦法進而創造新事物。請這樣想：當你可以清楚看見並接受眼前的障礙，才能想方法繞過它，並帶著明確的目標前進。

眉心輪塔羅療癒

現在，你已經完成了第六脈輪中的七個重要課題，該針對你所挖掘出的內容進行能量療癒了。請把這個章節選出的提示卡都找出來，然後把眉心輪提示卡放在面前，它是眉心輪療癒曼陀羅牌陣的中心牌。你的牌卡排列如下：

第一張牌：眉心輪提示卡

第二張牌：直覺提示卡

第三張牌：未來提示卡
第四張牌：夢提示卡
第五張牌：視覺提示卡
第六張牌：觀點提示卡
第七張牌：偏見提示卡
第八張牌：明晰提示卡

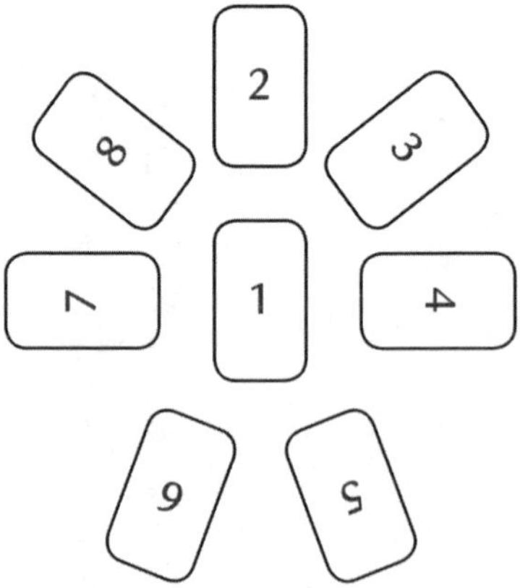

中心牌代表在其他牌卡間來回流動的能量，如同一縷美麗的藍紫色煙霧，開始啟動四周的牌卡。接下來要進行視覺化的療癒步驟，請將雙手放在牌卡上，對著眉心輪提示卡的四周牌卡，依序念出下述肯定語。這個塔羅曼陀羅牌陣會幫助你的能量療癒過程更穩定、更加深入。肯定語如下：

第二張牌：我天生擁有直覺力。
第三張牌：我能夠在沒有執著的情況下，對自己的未來懷抱願景。
第四張牌：我讓自己的夢想如宇宙那樣寬廣。

第五張牌：我相信自己肉眼和內在雙眼所見。
第六張牌：我能夠質疑自己的觀點濾鏡，不將它視為理所當然。
第七張牌：我對自己的個人偏見非常有覺知。
第八張牌：我允許自己接受明晰的視野。

找一個舒適安靜的地方，確保自己能不被打擾二十分鐘。將你的曼陀羅牌陣放在可見之處，然後輕輕搓揉掌心並專注在呼吸。搓揉掌心四十秒，啟動掌心的能量中心，你可能會覺得手心有一些熱度，這是很好的現象。現在，將雙手放在第三隻眼或眉頭上，專注地呼吸，從鼻子吸氣，感受氣息衝擊你的喉嚨、充滿肺部，讓胸部擴張。當你從嘴巴吐氣時，感覺空氣離開身體，注意胸口的塌陷。

等到呼吸變得自然而然，請把注意力放到牌卡上，從中心牌、也就是眉心輪提示卡開始。想像藍紫色的煙霧緩緩從這張牌升起，圍繞著塔羅曼陀羅牌陣。每次呼氣時，這縷煙霧就會綿延得更長、更遠，保持這樣的狀態幾分鐘，專注地呼吸並讓雙手放在眉頭上，感覺胸口的起伏，想像這縷藍紫色能量注入牌陣中。

當你覺得準備好了，雙手請放到牌陣上，依序在牌卡上移動並大聲說出相對應的肯定語；請重複念這個清單三次。結束時，請放鬆並專注在呼吸上，雙手放回眉頭。當你吸氣時，感覺煙霧般的藍紫色能量從鼻子進入身體，上傳至眉心，注入眉心輪。吸氣時請放鬆，讓能量清理並淨化眉心輪，並將你的肯定語植入其中。當你覺得療癒儀式完成後，移開雙手並正常呼吸三十到四十秒，向你的牌卡表達感謝，練習就完成了。

你可以隨時根據需要，重複這個簡單的塔羅療癒療程，若能記錄這個療程給你的感受、或任何在療程中得到的啟示會更好。當你知道的越多、詢問的越多，能夠療癒的就越多。

7

THE CROWN CHAKRA

／

頂輪

頂輪位在頭的最高處，因此被稱之為「頂」輪，一般來說，這是我們出生時，最先從媽媽肚子裡推出去的地方。頂輪是我們與「神性」的連接點，也可以稱它為與頻率的連接點。海底輪讓我們與物質領域相連，而頂輪讓我們與頻率世界相接；一個提醒我們源自何方，一個提醒我們當前所在之處。我們同時連結到兩個世界：頻率（或能量）世界和物質世界。

我們將在這一章探索頂輪所處理的七個課題，它們都有關於這個脈輪的重要訊息想傳遞給你。

七個課題小節分別為：

1. 連結（Connection）
2. 神性（Divinity）
3. 完整（Wholeness）
4. 覺察（Awareness）
5. 智慧（Wisdom）
6. 潛能（Potential）
7. 靈感（Inspiration）

頂輪

頂輪的梵文是sahasrara，掌管我們的頭部，特別是大腦。大腦就像頂輪一樣仍有許多未解之謎，即便科學家已經加快研究速度，但我們對於人腦的運作仍所知甚少。我們對頂輪確切的運作方式也不太理解，代表尚未釐清來自宇宙或神聖源頭的能量透過頂輪進入身體之後，對我們的人生或整個世界到底可以造成什麼樣的驚人變化。我認為人類在這方面還有很大潛能有待開發。

頂輪會與所有位於下方的脈輪共同運作，當低位脈輪都開放、健康而且運行順暢，頂輪就會充滿力量。然而低位脈輪越是畏縮、受阻或運行遲滯，你的頂輪就越難運轉，你也比較容易懷疑自己的人生目的和如何自處。頂輪是覺知中心，也是潛能中心，為了讓它成長擴張，你必須讓頂輪敞開、運轉。唯有能夠掌控整個脈輪系統，你才能開啟頂輪的力量。我說過，人類尚未完全理解如果頂輪和脈輪系統發揮最大的極限，會產生多強大的力量。即便在靈修圈也是如此，像是我太太研修的泰國佛教，僧侶會討論在覺醒或悟道之後，應該還有其他更高層級的覺知，我太太的師父一直跟她說，覺醒只是第一步而已。覺醒只是解開頂輪下一個層次，我們其實不知道在那之後還有多少層級。

頂輪也同時處理我們與高頻能量之間的關係，你可稱之為上帝、宇宙、神或你的高我，但老實說這些標籤都不重要，這是我們與某個超越物質的存在之間的信念或關係。如果你跟這股能量的關係出現問題，你跟頂論的關係也會出問題。我自己就跟這股能量有著複雜的關係，也非常了解這如何影響到我現實生活中的經驗。有些人極其信任看不見的事物，能夠輕鬆把自己交託給宇宙，從不擔憂或懷疑自己是否受到高能的照護。有些人則非常肯定凡是看不到、感覺不到、摸不到或聞不到的，就代表都不存在，我們是孑然一身的，只能靠自己；當我們死亡之後，一切都不復存在。

可以說頂輪就是我們的信念中心，我們有些人有，有些人遇到困難，而有些人則完全沒有。

練習

你跟頂輪之間的關係如何呢？

你將在抽出提示卡時找到答案。這裡我們僅使用大阿爾克那牌，所以請將它們從塔羅牌中分出來，快速洗牌後牌面向下扇開。先將雙手放在心輪上一陣子，好好做幾次專注的深呼吸，接著想像一道金色的光，像陽光那樣照在你的頭頂，感覺它隨著手臂往下移動到雙手。將你的雙手放在面前扇開的牌卡上，不要碰到牌卡，想像美麗的金色陽光照出其中一張牌卡。你會看到光芒在牌卡上舞動，閃耀四射。將牌卡翻面，然後做三次深呼吸，慢慢讓金色光離開腦海，將你的覺知帶回到這個空間和自己的身體中。

把其他牌卡放回牌堆中，然後準備寫頂輪提示卡的筆記，請從詳細描述這張牌卡開始進行。接下來則是探索這張牌卡給你什麼樣的感覺，若出現任何讓你緊張或不舒適的感覺請特別標記出來，可能會在你進行後續的療癒練習時，提供重要的資訊。不妨參考別的塔羅牌書籍，找出頂輪提示卡更多、更深層的意義，然後結束你的筆記書寫練習。現在，你和頂輪已經開啟了一段對話，讓這段對話在這一章持續進行吧。

1. 連結

我們的能量體在頭尾兩端各有一個強大的能量點，一個在海底輪、一個在頂輪。一個讓我們連結物質世界，獲得實際的體驗；另一個讓我們連結頻率世界，使用來自生命起源之處的能量。與這兩個世界連結，表示我們的能量體運作良好，七個脈輪都開心地運轉，同時有來自地球及宇宙的穩定能量在體內流動。這讓我們覺得有連結、完整、勇敢、自信而且能在這個血肉之軀安身立命。一旦頂輪阻塞或是難以和宇宙／神性／女神的能量連結時，我們會覺得孤立、孤單、漫無目的而且慌亂，因為有一半的生命能量沒有被灌輸到身體裡。

從許多角度來說，海底輪的能量會與頂輪相互呼應，只要有一方沒有順利連結到，其他幾個脈輪就會運作得很辛苦，我們自身也是如此。在海底輪，連結感讓我們覺得自己是物質世界的一分子，但對頂輪來說，只和物質世界有連結感是不夠的，必須要跟一個更宏大的事物連結。頂輪真正企盼的是與生命源頭的連結，那也是肉身消逝之後，我們會回歸的所在。我們的頂輪是宇宙接地點，而海底輪是物質的接地點，兩者共同建構出生命的目的和意義。

練習

你可能聽過這句話：「我想要連結到更宏大的能量」、「我想要達成偉大的成就」或是「我不知道人生有什麼目的」。這些都是頂輪做出的宣言，它有著連結到超越物質世界限制的宇宙能量的需求，熱切希望突破目前的桎梏，重新連結到生命源頭能量。這類宣言你自己搞不好也說過一、兩次，現在你有機會替頂輪開啟新的契機——因為你正在閱讀這本書！拿出塔羅牌並好好洗牌，然後針對下述問題各抽一張牌：

第一張牌：我與人生目的的連結度如何？

第二張牌：想要活出更廣闊大膽的人生，我需要傳遞什麼訊息給頂輪？

第三張牌：什麼東西會讓我的頂輪阻塞？

第四張牌：每當我覺得失去連結，該採取什麼行動取回連結？

這四張牌會提供頂輪目前運作狀況的一張快照。你也許對抽到的牌不太滿意，但請記得，隨著你持續療癒、淨化和信任你的頂輪能量時，結果會出現改變。這四張牌會告訴你，目前頂輪到底是處於開放還是封閉的狀態，可能也會暗示頂輪的問題究竟跟哪些低位脈輪有關。

錢幣牌：土＝海底輪

聖杯牌：水＝本我輪
寶劍牌：風＝心輪
權杖牌：火＝太陽輪

請花點時間書寫這些牌如何影響頂輪連接宇宙／神性／女神能量的能力。由於這些牌卡都是針對特定問題的答案，寫筆記時可以用類似的句子起頭：「我目前的連結能量是……」、「當我想要在人生中做出巨大、大膽的改變時，頂輪的反應是……」、「當我覺得失去連結，可以透過……方法回歸」。盡可能寫下一切從腦袋浮現的內容，透過每張牌跟相對應的脈輪建立親密關係是非常重要的。如果已經絞盡腦汁了，請翻閱其他塔羅書，尋找關鍵字或與你的發現一致的資訊。

完成初步探索之後，讓我們選出一張連結提示卡。如果這四張答案牌卡都不太理想，或顯示出你還有地方需要改進，可以考慮找一張你希望自己成為的牌卡。如果四張牌卡都讓你充滿欣喜，代表你確實有在使用連結的能量，那麼請找出一張讓你覺得自己已經體現、但還有成長空間的牌卡——面對現實吧，無論如何，我們永遠都有進步的空間。我建議的連結提示卡有寶劍皇后、愚人牌、女皇牌、節制牌、星星牌、以及任何一張王牌。

選好你的提示卡之後，把它跟剛才抽出的四個答案卡放在一起，組成一個牌陣，如下圖所示：

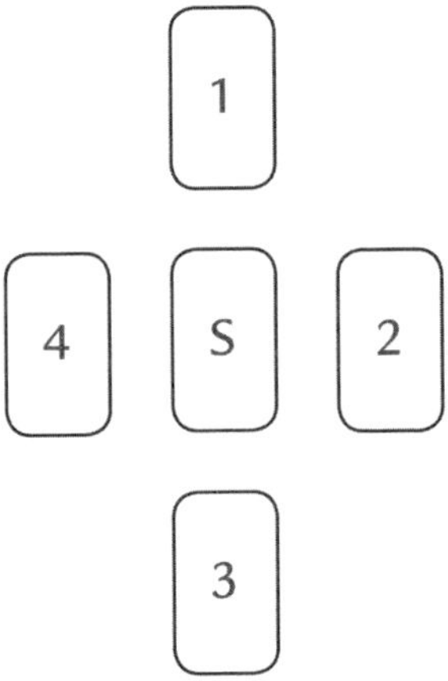

現在攤開所有牌，你可以看到連結能量是如何流動的。當你把提示卡放在正中間時，是否有任何前面探索四張答案卡時，沒看見的東西突然跳出來呢？趕緊拿出筆記本寫下新發現吧！這個牌陣的解讀順序是先從上到下，然後從左到右，看看將牌陣拆開為兩行牌卡時，它們會給予什麼不同的訊息。

請用開放的心和想法好好探索它們想告訴你的資訊。

2. 神性

神性指的是我們的神聖本性，是我們內在神聖且受到祝福的一部分。頂輪裡的神性中心不僅處理我們自身的神性，也處理他人的神性，以及我們如何看待生命中的神聖能量。它確實是我們的神性／女神中心，呈現我們如何定義自己與神性的關係，以及如何看待自己和他人的神性。如果我們與神性的關係複雜，就會在所有相關的領域中擁有複雜的關係。

請注意我不是在談論宗教。宗教與神性、神聖能量和我們與神性的關係並不相干。一個人不需要非得有宗教信仰才能與神性或聖靈有健康、喜悅或開放的關係。這裡提到聖靈或神性的時候，指的是純粹就是高能，這個高能既是我們自身，也是其他一切的事物，而且是創造奇蹟的能量——比如你和我這樣的奇蹟。我們的神性中心掌管著對自己、他人和整體宇宙堅定不移的信念。熟悉自身神性的人不會質疑事情的發展不如預期，而且會一直期待日常生活中出現奇蹟，他們深信高能對於人類有著更遠大的計畫，而且他們能確實地走在信念的道路上。我非常敬佩這類型的人，因為我還沒到這個境界。我與神性的關係仍有待改善，你可能也是如此，這完全沒關係，只要你了解並且接受當前的關係狀態就可以了，因為如今你擁有了療癒和成長的空間。

為什麼我們必須在乎神性？它在療癒上又有什麼作用？多年來我不斷從客戶身上注意到一點，那些與神性有著清楚連結的人——就算這段連結仍有缺陷——都會更認真地進行療癒旅程。他們明白這段人生是有目的的，覺得自己要擺脫病痛、進入健康和幸福的狀態，才能活出更加完整的人生。那些與神性沒有連結，或者神性中心裡有阻礙的人，則很難擺脫自己創造出來的負面故事，這是因為他們看不到改變的理由；這些客戶往往很快就會放棄療癒之旅。

神性對療癒之旅的重要性就在於此。你需要感覺到與自己內在、外在的高能連結，必須感受到被更廣大、更明亮、更喜樂的東西吸引，只有神性能量可以帶給你這種體驗。當你理解自己本身就是神聖的，而且神聖能量就是你的能量時，你就了解自己的真實本性了。

練習

神性提示卡將展示出你所認為的神聖自我是什麼樣貌和感覺。試著想像自己成為隨著神聖能量流動之人，也就是感受到能量包圍著你，並相信它隨時可以為你所用，就算此時此刻你並不這麼認為。想像自己發出金色光芒，手指和腳趾射出金色光芒，讓你看起來像是一顆包裹在金粉中的星星。當你清楚看到這個版本的自己後，請拿出塔羅牌尋找相呼應的圖像，直到找到你的提示卡為止。我建議的牌卡有教皇牌、力量牌、隱士牌、高塔牌、星星牌、正義牌、審判牌、任何一張王牌、騎士牌和國王牌。

找好提示卡之後，請探索它與神聖能量的關係，並寫下筆記。關於你的神聖自我，提示卡透露了些什麼？它如何幫助你跟圍繞己身的神聖能量保持連結？你可以透過列出這張牌卡與神性有關之處、你自己及周遭事物的神聖面向，來回答這些問題。這將會讓你更能覺察到生活中的神性，並提供一些不錯的關鍵字靈感，讓你寫筆記時能夠更深入地探索，例如受祝福、恩典、流動、奇蹟、光、和平等等。當你覺得已經盡可能探索這個階段之後，接下來就是透過簡易的三張牌牌陣，看看神性的能量如何與其他脈輪互動。

第一張牌：神性提示卡

第二張牌：夥伴關係提示卡

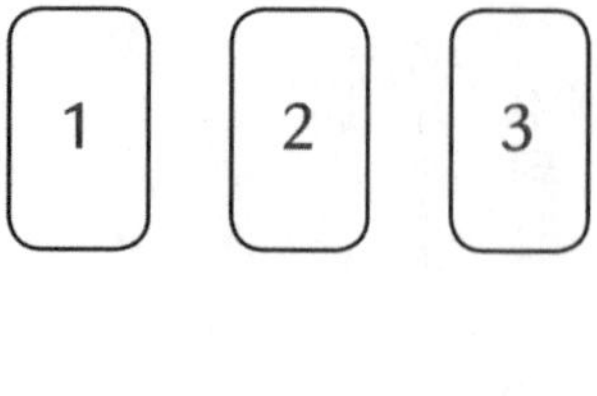

第三張牌：參與提示卡

現在，請拿出其他塔羅牌並慢慢地洗牌，想像一道金色的光從你的雙手流出、進入到牌卡中。當牌卡感覺已經吸收完畢這道光，抽出三張牌並將它直接放在這三張提示卡下方。現在，你總共有六張牌以兩行三牌卡的狀態放在你面前，第一行是理想中能量從一個脈輪進到下一個脈輪的流動，第二行是當前能量從一個脈輪到下一個脈輪的流動。你在第二行抽出的牌卡是否與上方提示卡有很大差異呢？或，它們看起來很相似，只有些許不同？在你的筆記本中寫下你的發現，從比較兩行開始，然後再進到單獨牌卡的對照及對話。透過配對兩張神性牌卡進行，然後兩張夥伴關係牌卡，最後是兩張參與牌卡。這會帶給你需要費力解讀的大量資訊，因此請花點時間去聆聽、探索，並盡可能記下可能的療癒重點。

3. 完整

人多數時候都會從外在、他人和物質世界中尋求讓自己完整。雙生火焰和靈魂伴侶的概念，源自於世界上某處會有另一個與你相仿的靈魂渴望與你相遇，一旦你們找到彼此，兩者都能再次完整。然而，這些故事多年下來已經被扭曲了，可靠程度跟轉手上萬次的八卦沒兩樣，「物質世界中有某人、某事或某物能讓我們變得完整」的概念是個謊言，一個完美的行銷手段。我們正在尋找的那一塊自我，其實是來自於更大的高我，這個高我大到無法裝進小小的人體。雖然稱之為「高我」，但老實說，名稱並不是那麼重要。為了讓自己感到完整，人類經常付出驚人的金額或時間，試圖從外在的人事物中取得完整感。很可惜，真相是我們渴求的這種感覺無法用金錢買到，也不是他人能給予的，這只能在自己身上找到。這種完整感源自頂輪，我們與這股能量連結之後，會輸送到心輪和海底輪。一旦這股能量被送至較低位的脈輪，我們就會擁有完整感，覺得自己與周圍的世界合而為一。

頂輪會接收來自宇宙的振動能量——我知道，這聽起來很巨大、無法抗拒，甚至有時候令人恐懼，因為和極為龐大事物相連，可能會讓你自覺渺小卑微，所以很多人因此切斷連結，不再嘗試與頂輪能量合作。然而，如果你堅持下去，付出足夠的時間與這個能量共處，那股壓倒性的感受就會消失，你會開始感覺到完整、自在。由於這股從頂輪灌入的能量，跟我們以往習慣的能量不太一樣，所以讓自己有時間去適應非常重要。對高我來說沒有所謂的極限或限制，因此這股能量感覺起來很強大、狂野而且難以駕馭，對於所有控制狂來說，這種感覺一點也不舒服，剛開始一定會想抗拒。容我提醒各位，我們之所以喜歡控制伴侶、朋友、家人和其他生活中的人事物，不就是為了尋得一種安定感嗎？只要我們與高我好好連結，就能找到真正的安定感，不再需要向外尋求了。

練習

成為完整的自己是勇氣之舉，因為過程中我們會感到脆弱渺小，並接受未知及無法控制的事物。成為完整的自己會是你做過最勇敢的事，所以挑選一張讓你覺得自信、強壯但同時有點脆弱不安的提示卡相當重要。我建議的提示卡有戀人牌、力量牌、節制牌、太陽牌、聖杯二、權杖四、權杖七、寶劍八、錢幣七和任何一張侍衛牌。

選定提示卡之後打開筆記本，開始想像這張牌就是你自己，站在廣大的宇宙面前。讓恐懼先浮現，接著在心裡坦誠地告訴自己，連結到某個龐大、強而有力且無法控制的事物時，讓你害怕的事情有哪些？你可以用對話的形式記錄下來，或是單純列出一張清單，記錄的方法並不重要，只要白紙黑字寫下即可。當你覺得自己已經寫下一切之後，該來問問牌卡「成為完整的自己」的好處有什麼？如果你突然對處於這個身體內感到完整自在，這又會如何改變你的人生？我要再次提醒，你可以用對話或清單的方式記錄。

等你寫完對話或整理出兩份清單，可以開始比較「恐懼」和「好處」兩者的內容，你比較在意的那一個，就是目前支配著頂輪的能量。如果你想要更進一步探索，請將牌卡排列如下：

第一張牌：完整提示卡

第二張牌：安全提示卡

第三張牌：決策提示卡

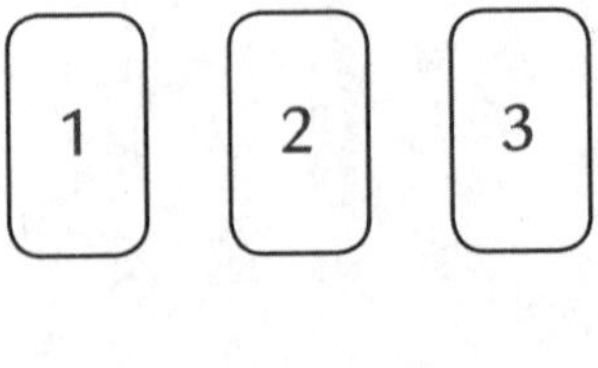

這三張牌會顯示出，當你感覺自己擁有一切所需、對自己的存在感到自在，而且也對決策能力很有自信時，會是什麼模樣。當我們覺得自己是完整的，在做出大膽決策時就會感到安全，不再去限縮我們的人生或夢想，而是任由自己去想像更大的可能性。我們不但會變得勇敢，更重要的是對自己的身分和所處之地感到安適——所處之地可不是只有地球，而是整個宇宙。

4. 覺察

「覺察」這個詞在身心靈領域可說是相當氾濫，人人趨之若鶩。很多人為了追求開悟或覺醒的境界，反而過度消耗自我，成了賣弄小聰明的人。在身心靈商店或活動場合，不乏有人吹噓自己的覺察程度如何如何，不只如此，他們往往還有其他非拿出來炫耀不可的小把戲。問題是，這些所作所為早已跟他們真實的自我脫鉤。「行動」（doing）不等於「存在」（being）；存在才是覺察所在。覺察能回答人生的大哉問：「我是誰？為什麼我在這裡？」請重讀一次，認真把它讀進去，你會發現這個問題問的可不是：「我該怎麼做？」然而，學會表面的小把戲遠比認真地花有意義的時間去了解自己容易，造成許多人喜歡對自己的覺察程度高談闊論，實際上卻一點覺察力都沒有。

我在身心靈領域的經驗與以前在學校、辦公室的非常雷同，通常最想吸引大家注意的，通常都是內心最害怕的那群人。覺察意味著對人事物有所理解，這是一種意識的展現，是獲取或了解一個狀況、經驗的能力。換句話說，也就是你能夠理解每一個當下所發生的事，並了解每一刻所扮演（或不扮演）的角色。

我認為大部分的人都沒有足夠的覺察力——這不是批判，而是陳述事實。太多人都受困於腦中的小劇場，無法真正注意到周遭正在發生的事情。算算看一天你聽過多少次「我沒注意到」或「我不知道」，絕對比你預期的頻繁許多。擁有廣闊覺察能力的人可以解讀出一個空間的氛圍、能量，快速評估情勢，了解種種互動會引起什麼樣的連鎖反應。覺察就是一種心理訓練，與其說是靈修行為，更像是我們做出的選擇。我們可以透過練習和紀律進行訓練，當低位脈輪越強壯健康，練習就會越容易。覺察可說是頂輪的一大修行，而其開端與終結都圍繞著「我是誰？我為什麼在這裡？」這個大哉問。

練習

塔羅牌中的「騎士牌」向我們展現將一生奉獻給實踐紀律有何意義。每一張騎士實踐的領域各不相同：聖杯騎士是情緒覺察，寶劍騎士是心理覺察，權杖騎士是靈性覺察，而錢幣騎士是生理覺察。這些都是我們生活中需要練習和實踐的領域，因為覺察的本質是兼容並蓄的，難以將某個領域獨立出來訓練。只要能夠從侍衛牌領悟到覺察是一種練習，多數人這一生都可以努力達到騎士牌的程度，有非常少數的人能進展到國王牌的境界——畢竟我們用雙手就能數出地球上「真正」覺醒、開悟的人，對，人數就是這麼少。

接下來，就從四張塔羅騎士牌中選出你的提示卡。我建議你盲抽，也就是洗牌後牌面向下，從中抽出提示卡。讓你的直覺指引你選出需要努力、加強和練習的覺察領域。

抽出覺察提示卡之後，先在筆記本記錄抽到這張牌對你來說是意外還是意料之中。然後詢問你的騎士牌，應該進行怎樣的日常練習。騎士們會持續精進自己的技巧，拓展自己的覺察範圍，同時保持內在的平靜安穩，我相信你的塔羅騎士一定有一套非常想要跟你分享的訓練計畫，不只能夠強化它負責領域的覺察力，還能提升低位脈輪的能量。你可以試著想像塔羅騎士主動帶領你進行訓練課程，想像你身上穿的服飾、騎士交給你的工具或指導你如何使用。在腦海中描繪得越詳盡越好，拓展你的五感，寫下每一個細節。或許你的騎士會教你一些咒語、花稍的招式，甚至是絕地武士的心靈控制術！無論是什麼，請全部記錄下來。

當你完成後，拿出其他塔羅書籍，看看還能找出關於這張騎士牌的哪些資訊。記得聚焦於跟頂輪相關的關鍵字，例如理解、認可、知識、意識、直覺、洞察、正念，當然還有覺察。你對塔羅騎士與頂輪的連結有越多理解，就越容易進行練習，接受他們成為你在自我實踐旅程中的導師和夥伴。說不定透過這些練習，有一天你突然就了解自己是誰，以及為何身在地球上。

5. 智慧

智慧是很難明確定義所在位置的一個概念。把它歸在頂輪是因為我認為頂輪是人類三個「腦袋」的交會點，分別是直覺、心和頭腦。這三個腦袋都會蒐集、處理資訊，並傳送到頂輪，再將頂輪挑選出來的部分資訊，送到相對應的脈輪和身體部位。

智慧是對資訊的一種深度了解，包含我們在日常生活中如何使用資訊、何時使用資訊，以及為什麼要使用資訊。資訊的集合就是知識，而如何將之付諸實踐就是智慧。智慧是透過反覆嘗試獲得的，也就是說一個人要變得有智慧，不僅需要知道何謂成功，也要知道何謂失敗。這個人也必須了解何謂獲得、何謂放手或失去，而且要知道不論好事壞事都是有助益的。智慧也是了解行動會有不同的後果，但有時必須不管後果如何，都要放手一搏。從這個角度來說，智慧將心輪和太陽輪跟頂輪連結在一起，成為思考、感受和行動三巨頭，但我要強調一點，智慧並不完全是線性的。

我們可能會在某些領域特別有智慧；有些事情需要年齡和時間的累積，有些則是已經透過多次的生命輪迴習得，甚至與生俱來就擁有比實際年齡更成熟的智慧。然而，我們最常抗拒的往往就是與生俱來的成熟智慧。這一類的智慧跟我們的靈魂及這一世的生命功課有很深的連結，驅使著我們許多核心的慾望，但是乍看之下很可能跟周遭的環境格格不入。靈魂智慧是神聖的，直接從心和宇宙灌輸給頂輪的能量中汲取力量。這個靈魂智慧從你誕生的那一刻，就一直試著要發光發熱，一直跟隨著你、在夢中揮之不去，並且不斷對你耳語。**這就是我們這一節要特別聚焦的靈魂智慧，因為這是你擁有的最強大的智慧。**其他類型的智慧則是從歲月的累積中習得，人生智慧需要時間，而且必然與你還沒清除的業力功課相關。靈魂智慧是你當前所擁有、唾手可得，準備好等著改善你如何度過這一生、對人生的感受，以及對人生目的的看法。

練習

這個練習會請你從宮廷牌中抽出一張提示卡。我們無法確切知道自己靈魂的歲數，這與身體的年紀不同，因為靈魂存在的方式比較像是循環性的，而非線性的。想要知道自己當前的靈魂擁有什麼樣的智慧，宮廷牌是馬上可以反映出靈魂循環階段的牌卡，告訴我們位於「侍衛→騎士→皇后→國王」四個階段中的哪個位置。

請將十六張宮廷牌找出來，慢慢且輕柔地洗牌，同時想像頂輪散發出一道陽光般的金色光芒。當金色光的能量進入你的手臂時，感覺一下它的溫暖，然後讓它一路往下移到手指，觀想這道金色光注入牌卡中，讓牌卡吸收來自高我的能量。等牌卡吸滿了這個金色陽光能量，將牌面向下扇開。請做出祈禱手勢，並靠近胸口，同時好好做三次又長又深的呼吸，詢問：「我的靈魂智慧這一次需要什麼，才能發光發熱呢？」重複問題三次，幫助你專注心思並聚焦牌卡的能量。

覺得準備好了就可以抽出你的提示卡。如果是侍衛，代表你正位於一個新的靈魂循環，靈魂智慧是關於開始、重新來過，或第一次開啟一件新事物；你擁有大膽邁進的智慧。如果是騎士，代表你在循環中最努力的階段，建立習慣、設定目標、參與許多活動，你獲得的智慧是韌性、堅持和承諾；你在這一世擁有追求任何目標或夢想的毅力。如果是皇后，代表你處在特別追求社交互動的階段，就算你是個內向的人也一樣；你擁有辨別哪些社交環境對你的靈魂有益，哪些則是敬謝不敏的智慧。

如果你抽到的是國王，該是挺身領導的時候了，你已經在許多次輪迴中累積經驗，準備好扮演這個角色了。你必須與他人分享你的智慧、相信你的智慧，並用自己的智慧走出一條真實的道路。換句話說，活出靈魂的真實模樣吧！別再躲躲藏藏，別再找藉口，也別再逃避你的責任了。

我們從宮廷牌可以學到很多，不妨透過筆記與提示卡進行各種討論。請記得，這個靈魂循環提供的智慧對你的療癒旅程也非常重要。這個智慧很可能會是你治療舊傷口、擺脫痼疾的解方。只要越認真跟靈魂智慧提示卡合作，就能揭示越多內容。

6. 潛能

我的老師總是說，我們能成為什麼樣的人，與我們降生於地球的理由緊密相連，這表示潛能跟「存在」有關。還記得頂輪是「存在」中心，而非「行動」中心嗎？不過光是知道這一點，並不會讓這個困難的概念變得更好懂，如果你是個透過行動去突破限制的行動者的話，恐怕又更難懂了，因為你的潛能是跟行動連結的。

把潛能帶進頂輪中，並了解自己真正的本質和潛能與所作所為無關，是用一種完全不同的方式去審視我們是誰、此生有什麼目的。事實上，我們只要存在，就能回答「為什麼我生在地球上」這個問題。我猜，從「一個人的潛能或生在地球上的緣由，才是一個人真正的天賦禮物」這個角度，會是比較容易理解的方法。對某些人而言，可能是數字和數學，有些人則是文字和寫作，還有些人是法律、醫學或教育。我們只能成為自身的才能和潛能所驅使的樣貌，我們是無法成為別人的。潛能之於我們就跟呼吸一樣自然，不需要特別去想該怎麼做，甚至可以說潛能就是我們的本能。

然而，這並不代表你一定能實現它。人類天性喜歡把事情變複雜，可以將最簡單的工作搞得超級困難，所以不意外許多人似乎從未開發自己的潛能，也從未真正了解自己的人生目的。他們反而會受到辛苦、費力的道路所吸引，進入了不斷質疑自我價值、與他人成就做比較的惡性循環中。這會把潛能從頂輪中拉走，改放到低位脈輪有限的物理能量中。當你的潛能比較靠近沉重、以土地為基礎的能量時，其發展就可能受到束縛，因為潛能需要直接從無限的宇宙能量獲得蓬勃生機。想讓潛能重新成長，必須要讓它一路向上傳回頂輪，才有機會綻放。

我建議把你的潛能想成一朵位在頂輪上方含苞待放的蓮花。你越是能放鬆地

「存在」，花瓣就越能展開，顯現美麗色彩。這朵優雅的蓮花浸沐在神聖光芒之下，當它充滿這股能量時，就會透過深植於頂輪的根部，將能量傳回給你。當這股擁有無限潛能的能量流經整個脈輪系統，會讓你感到完整、淨化、肯定、被愛、值得、充滿期待和安全。這就是真正的潛能帶給你的感受。這是某個超越物質經驗的連結。這個能量完整且不求回報，是我們在這個充滿物質、想望和限制的世界中努力想要得到的東西。

練習

你的潛能是什麼？你是否允許自己與之連結？或者，你太過仰賴行動而緣木求魚？

選出一張潛能提示卡會很有挑戰性，因為你必須找出最能代表一個人單純「存在」的牌，或是從牌堆中性質被動的牌卡裡選出一張。我建議的牌卡有星星牌、月亮牌、太陽牌、世界牌、任何一張王牌、寶劍四、錢幣七、權杖二、權杖三和聖杯九。

寫筆記的時候，請從這個問題開始：「這張牌卡怎麼幫助我解開『誕生在地球上的目的』這個謎團？」請先仔細觀察提示卡的圖像設計，每套塔羅牌設計都不同，你可能看到某個設計之後有了動筆的靈感，可能是一個符號或特別的物品。又或者，牌面上的角色是以特別的主題描繪而成，例如小精靈、女神或是力量動物？這是否提供你更多答案呢？持續探索牌卡設計並記錄你的想法，如果覺得差不多了，再進入到牌義本身。如果你對這張牌有一定的了解，就從這裡開始；如果沒有，可以翻閱別的塔羅書，找尋跟潛能有關的關鍵字或詞彙，請記得不要岔題跑去研究別的東西了。

更進一步的探索，是將這張提示卡與明晰提示卡配對解讀，了解你的潛能是如何與明晰攜手並進。一開始解讀是請先把潛能提示卡放第一張，然後再將兩者的位置對調，這會顯示出眉心輪和頂輪如何共同運作，以及當你跟宇宙頻率連結時，視野會變得多清晰。如果也可以把安全提示卡加進來，變成一個三張牌牌陣，排列如下：

第一張牌：潛能提示卡

第二張牌：明晰提示卡

第三張牌：安全提示卡

這三張牌將提供視覺資訊，讓你更了解進入能量（海底輪）、校準能量（眉心輪）和開啟能量（頂輪）的意義，同時再次提醒你，脈輪都是相輔相成的。它們互相連結，仰賴著彼此才能發揮完整的功能。請務必透過筆記去探索兩張牌牌陣和三張牌牌陣。

7. 靈感

在這個充滿嘈雜想法、人人渴望被聽見的世界中，想聽到靈感對我們的耳語可說是難上加難。靈感迅速而確實，但又溫柔而寂靜。靈感往往出現在電光石火之間，而且通常是無形的，讓我們難以掌握。它是心、頭腦和神性在頂輪短暫交會的產物，靈感與其說是一種思緒，更像是一種感覺。只是為了方便我們理解和接觸靈感，頂輪的能量將它轉化成思緒，但即便如此，大多數人還是會錯過靈感，因為它只會輕拂過我們的意識表層。

值得慶幸的是，靈感持續與我們對話，從未離開，而且永遠願意進行對話，就等我們準備好。問題是，我們很少準備好要接住靈感。就像頂輪大多數的能量，靈感不知道極限為何，也不是很在乎物質世界的限制，讓我們得以窺見比我們當下生活更宏大的人生。可惜對人類來說，靈感帶來的恐懼往往多過興奮，因為不是每個人都準備好或願意將自己推向那更崇高的願景，所以想法總是比靈感更受歡迎。

想法比較能夠受到我們的管控，因此更容易拿來做計畫、追蹤和操控。然而，跟著靈感過生活就像是跟著一名愚人走，我們無法確定將來會發生什麼事情，或事情會有什麼樣的結果，但是很高興自己踏上了旅程。事實上，靈感提示卡沒有比愚人牌更好的選擇了！一個有趣的點是，這一小節是脈輪系統的最後一站，愚人牌卻是塔羅牌的起點。或許愚人牌就是在教導我們如何與這股靈感能量合作，有如我們即將展開一場冒險。老實說，這就是活出靈感人生的真諦：要充滿冒險精神。愚人牌將脆弱包裝在天真當中，這會轉換成極大的勇氣和擇善固執，因為一個人在依循靈感的指示時必須屹立不搖，代表沒有人能輕易要你放棄這趟冒險旅程——這就是愚人牌的精神。

練習

為了要看清楚冒險精神如何在你的人生中發揮作用，請將愚人牌與心輪提示卡拿出來，進行配對解讀練習。它們每分每秒都一起運作，彼此持續對話，努力把你推向靈魂的願景，並找出創新的方法以探索你無限的潛能。請先把愚人牌放在第一張來進行這個練習，寫下越多筆記越好，如果覺得有需要，可以拿出其他塔羅書籍參考，找出跟這兩張牌以及靈感相關的描述或關鍵字。

完成後請把心輪提示卡放回牌堆中，將愚人牌放在看得到的地方。拿起剩餘的塔羅牌開始溫柔、緩慢地洗牌，同時看著你的愚人牌，然後針對下述問題一一抽出牌卡解答：

第一張牌：靈感可以如何幫助我的工作或職涯？

第二張牌：靈感可以如何協助我深化家庭關係？

第三張牌：靈感會在我的日常生活中以什麼方式出現？

第四張牌：下一個靈感會在療癒之旅中如何協助我？

第五張牌：我要如何對靈感更加開放？
第六張牌：目前什麼樣的恐懼正在阻塞我的靈感？
第七張牌：目前什麼東西正在阻擋我活出充滿靈感的人生？
第八張牌：我要如何跟隨愚人的腳步？

抽出八張牌並將它們在面前排成一列，注意是否有重複出現的數字或牌組，這可能會指出你的靈感所偏好的元素或數字能量，針對這點你可以進行深入的探索。請把八張牌分門別類，這裡我們不需要按照抽牌順序進行解讀，把牌卡分組反而可以獲得更多資訊。如果有任何逆位的牌卡，請將它們視為一組。宮廷牌或大阿爾克那牌也比照辦理，請把大牌放在一區、宮廷牌放在另一區。

如果有落單的牌，我們要先來進行解讀。把落單的牌排成一列，當成一個牌陣解讀，然後打開你的筆記本，寫下這些牌要告訴你什麼故事，就算只有幾句話或幾個關鍵字也行。

接著就輪到那些成群的牌卡了；從哪一組開始並不重要，只要逐一針對它們進行筆記練習，看看它們會如何回答那些問題。是的，我們雖然是依序抽出牌卡，但現在又刻意把問題和答案錯開，因為靈感不是線性的，為了提供你足以改變人生、一閃而逝的機會，靈感會從四面八方蒐集資料，所以每一組牌都可以用來回答前述的八個問題。

如果你一開始覺得很困難，請不要擔心，要適應這種亂無章法、非線性的靈感對話過程需要一點時間。有時候看似簡單明瞭，有時卻是讓人抓狂的不合邏輯，所以請不要急，想要花多少時間研究都可以；不管你花了多久的時間，都是最完美的長度。重要的不是你花了多久時間去與牌卡對話，而是對話本身，這是你有意識地透過喉輪與自己的靈感所展開的對話，對話盡可能維持越長越好，這會把靈感的聲音帶到覺知的最前端，也許下次要從腦袋的噪音中聽到靈感，就不會那麼困難了。

頂輪塔羅療癒

現在，你已經完成了第七脈輪中的七個重要課題，該是針對你所挖掘出的內容進行能量療癒的時候了。請把這個章節選出的提示卡都找出來，然後把頂輪提示卡放在面前，它是頂輪療癒曼陀羅牌陣的中心牌。你的牌卡排列如下：

第一張牌：頂輪提示卡
第二張牌：連結提示卡
第三張牌：神性提示卡
第四張牌：完整提示卡
第五張牌：覺察提示卡
第六張牌：智慧提示卡
第七張牌：潛能提示卡
第八張牌：靈感提示卡

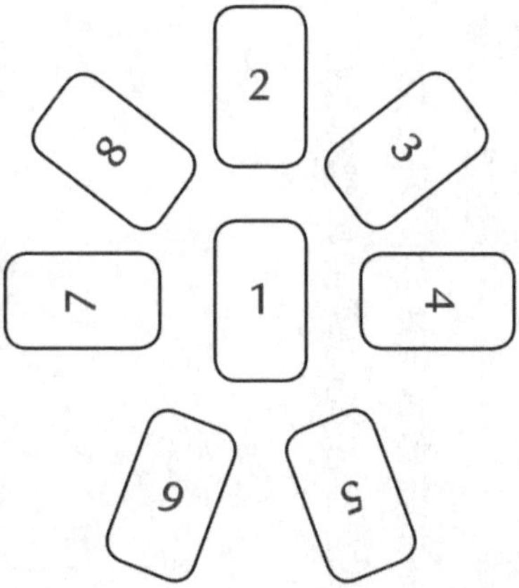

中心牌代表在其他牌卡間來回流動的能量，如同一縷美麗的紫金色煙霧，開始啟動四周的牌卡。接下來要進行視覺化的療癒步驟，請將雙手放在牌卡上，對著頂輪提示卡的四周牌卡，依序念出下述肯定語。這個塔羅曼陀羅牌陣會幫助你的能量療癒過程更穩定、更加深入。肯定語如下：

第二張牌：我與宇宙能量相連結。
第三張牌：我是神聖的血肉之軀。

第四張牌：當我與自己的每個部分融為一體時，我是完全且完整的。
第五張牌：我持續擴張我的覺察，讓我更能服務自己和他人。
第六張牌：我正在邁入自己智慧的一部分，並認可它的存在。
第七張牌：我正在學習質疑自己在潛能周圍所設下的限制。
第八張牌：我允許自己更頻繁地追隨愚人的腳步，可以活出更有靈感的人生。

找一個舒適安靜的地方，確保自己能不被打擾二十分鐘。將你的曼陀羅牌陣放在可見之處，然後輕輕搓揉掌心並專注在呼吸。搓揉掌心四十秒，啟動掌心的能量中心，你可能會覺得手心有一些熱度，這是很好的現象。現在，將雙手放在頂輪或頭頂，專注地呼吸，從鼻子吸氣，感受氣息衝擊你的喉嚨、充滿肺部，讓胸部擴張。當你從嘴巴吐氣時，感覺空氣離開身體，注意胸部的塌陷。

等到呼吸變得自然而然，請把注意力放到牌卡上，從中心牌、也就是頂輪提示卡開始。想像紫金色的煙霧緩緩從這張牌升起，圍繞著塔羅曼陀羅牌陣。每次呼氣時，這縷煙霧就會綿延得更長、更遠，保持這樣的狀態幾分鐘，專注地呼吸並讓雙手放在頂輪區域，感覺胸口的起伏，想像這縷紫金色能量注入牌陣中。

當你覺得準備好了，雙手請放到牌陣上，依序在牌卡上移動並大聲說出相對應的肯定語；請重複念這個清單三次。結束時，請放鬆並專注在呼吸上，雙手放回頂輪的位置。當你吸氣時，感覺煙霧般的紫金色能量從鼻子進入身體，往上送至頭頂，注入頂輪。吸氣時請放鬆，讓能量清理並淨化頂輪，並將你的肯定語植入其中。當你覺得療癒儀式完成後，移開雙手並正常呼吸三十到四十秒，向你的牌卡表達感謝，練習就完成了。

你可以隨時根據需要，重複這個簡單的塔羅療癒療程，若能記錄這個療程給你的感受、或任何在療程中得到的啟示會更好。當你知道的越多、詢問的越多，能夠療癒的就越多。

8

PULLING IT ALL TOGETHER

／

綜觀而談

閱讀本書的過程中，你已經蒐集非常多跟自己脈輪相關的資訊。雖然你不必定期處理這麼大的資訊量，我還是建議每年深入探索你的脈輪幾次，才能持續進行療癒。我也推薦你每個月都確認一下七大脈輪的狀態，並進行小型的檢驗，你可以針對每個脈輪選出一個課題，排出一個當月的脈輪支柱牌陣，聚焦於任何你當月正在進行的事務上，例如你準備去旅行，或是工作上有個專案準備要收尾了。根據你手邊的事務，從七個脈輪章節中挑出相對應的課題，或者是你很需要提升的能量。這個七張牌牌陣會為這個月定調，並幫助保護你的能量體。

讓我為你舉個詳細的例子吧！

針對商務旅行的脈輪支柱牌陣

商務旅行十分常見，有些人可能每年都會需要出差個幾次。如果你知道這個月要出差，可以考慮使用這個脈輪支柱牌陣守護這趟旅行的頻率，以及在你的能量場接觸到新能量時，提供保護。你可以挑選適合的牌卡，灌注特定的能量到旅程中，也可以抽牌，讓直覺引導你。請相信無論你決定用什麼方法抽牌，對你來說都是最好的。這個牌陣是這樣子的：

第七張牌：頂輪，連結
第六張牌：眉心輪，直覺
第五張牌：喉輪，聽見與被聽見
第四張牌：心輪，夥伴關係
第三張牌：太陽輪，參與
第二張牌：本我輪，歡愉
第一張牌：海底輪，安全

你可以看出我們設定了一個充滿快樂與參與感的舞台，我們會感到安全而且備受支持，同時替這趟旅程和自己創造一個開放、真誠的對話空間。你可以針對未來一年內的任何商務旅行擺出這個牌陣，在那個月分，你可以將這些牌卡放在聖壇上，作為日常冥想的一部分，或是拍下牌陣並印出來，貼在筆記本或手帳中，讓你在整趟旅程中隨時翻閱。選擇最適合自己的方式即可，這是與脈輪持續定期對話的一個快速又絕妙的方法。

如何在日常能量工作運用本書

讀完本書之後，希望你不要就將書束之高閣。我想提供一個方法讓你可以把這本書當成日常能量工作的一部分，非常簡單，只要閉上雙眼，將本書放在心輪的位置，做幾次深呼吸之後翻開任何一頁，看看是哪個脈輪或課題想要給你一點每日指引。接著針對你翻到的那一頁抽一張牌，觀察它提供什麼樣的訊息。透過這個簡單方法，就能讓本書、牌卡和脈輪系統三者的溝通管道暢通，你能用這個輕鬆有趣的方法，每天都跟自己的能量互動。如果你想更進一步，可以使用翻書法抽出三張牌，詢問更深層的問題，例如「今天這個脈輪議題想要告訴我什麼？」「它希望我今天怎麼與它合作？」「我應該做什麼，才能加深這個議題與我的關係？」你可以自行決定要抽幾張牌，或是用什麼樣的牌陣，最重要的是，讓它融入你的日常塔羅練習中。

閱讀過程中，我們也利用筆記取得更多洞見，深化自我覺察力和療癒的程度。我建議每天抽脈輪指引的同時，也持續耕耘你的筆記，每日的筆記內容可能相較之下簡短很多，但仍然是非常寶貴的工具。你可能想要特別針對某個脈輪進行處理，請閉上雙眼，花點時間與它連結，詢問一個與當日有關的問題，抽出一張牌卡（或兩張、十張，你高興就好），看看這個脈輪和牌卡針對你的問題帶來什麼資訊，並記錄在筆記本上。

讓我舉個例子好了。假設你一直有消化問題，所以想要與太陽輪開啟一段對話，了解到底為什麼會這樣。請花點時間讓心情沉靜下來，閉上眼睛，做幾次深呼吸，想像一道黃色的光出現在肚臍上方。當連結建立完成後，向你的太陽輪提問，比方說：「太陽輪，你看起來不太舒服，我今天可以怎樣幫助你？」接著，抽出一張或多張牌卡，花點時間研究、記錄它們給你的回答，是否帶出了一些你在本書中看到的課題。你或許會發現指出的課題可能與太陽輪無關，代表問題的根源出在別的地方，這很常見，因為大多數時候，出現問題的地方並不等同於你需要療癒的地方。

你可能需要一點時間才能習慣這樣使用牌卡和這本書，但請堅持下去，我向你保證，你的堅持會有回報的。

千萬別忽略的一點是，請絕對不要用牌卡或本書替代專業的醫療指導。如果你的身體有嚴重的問題，請立刻尋求專業的醫療協助！

給能量工作者的小指南：如何將本書內容運用於客戶身上

這本書大部分的章節都是為了自我療癒而寫的。然而，如果你是一名靈氣治療師、按摩治療師或任何類型的能量療癒者，可能會希望在客戶身上運用書中所學，我非常歡迎你結合本書內容和自身的專業領域！我設計了一個簡單的架構，方便你參考並加以發展出自己的版本。

你可以先帶領客戶抽出本書最開頭的脈輪支柱牌陣，這有助你快速了解對方當前七個脈輪的狀態，找出最需要關注的領域。請記得一定要使用逆位牌卡進行，並將它們視為處於保護狀態來進行解牌（也就是每張牌卡展示出的是脈輪內部受到保護的能量）。請特別留意任何傳達出以下訊息的牌卡：「改變」（例如高塔牌、戰車牌或任何一張數字五牌）、「焦慮」（月亮牌、惡魔牌、寶劍九、錢幣二和權杖七）、「受阻或阻塞的能量」（死亡牌、錢幣四、寶劍二、寶劍八和權杖十），以及「結束、悲傷或痛苦」（寶劍三、聖杯五、寶劍十、世界牌和聖杯八）。這些是你會想要先專注探索的牌卡，從這些看似有狀況的能量慢慢整理出到底是哪個脈輪需要更密切的觀察為止。

接下來就進入到該脈輪的專屬章節了。為你的客戶排出該脈輪的曼陀羅牌陣，幫助你判斷客戶在該脈輪有哪些問題存在。你的療癒工作將會進入新的層級，特別是客戶能夠直接看到每一個議題的代表牌卡。

如果你還想要更深入運用，可以針對造成問題的那個主要課題，排出一個療癒曼陀羅牌陣，將該議題的提示卡放在曼陀羅中間，抽出七張對應所在脈輪七個課題的提示卡，這樣就能清楚看見這個主要課題對於位在同一個脈輪的其他課題，造成什麼樣的影響。這個視覺練習會是你和客戶可以一起進行的練習中，最強大的項目之一。你帶著他們從整個脈輪系統的狀態開始，逐步深入單一脈輪中的單一課題，作為療癒的重點。透過牌卡聚焦到一個小小議題上，能幫助你的客戶用不同的方式看待自身的能量；你也可以詢問他們有關牌面圖像的問題，或者他們有什麼感受。透過這樣的互動可以幫助客戶在療癒過程中更有參與感，這讓你能夠針對客戶量身打造療癒內容，真正深入地清理該脈輪。

這個架構僅是我個人使用的方法，你不一定要完全照做。只要你越熟習脈輪以及它們掌管的課題，就越能提煉出其他有創意的療癒方式。請讓本書引導你採用全新、不同的做法，讓你提供的療癒服務得以更加深入。

尾聲

親愛的讀者，我們已經一起走到了旅程的終點。你很努力，我非常以你為榮。要知道這段療癒之旅需要你鼓起很大的勇氣，請給自己和自己的脈輪最大的掌聲鼓勵吧！我也很樂意收到你閱讀本書後的經驗分享，或者你將內容運用在你所提供的療癒服務上。歡迎在社群媒體上留言給我，或直接發電子郵件：leezarobertsontarot@gmail.com。

致謝

出版這本書耗費了很多心血，如果沒有我的團隊，本書就不會有問世的一天。感謝Llewellyn出版團隊讓這本書得以誕生，我要特別感謝芭芭拉・摩爾，她總是對我天馬行空的想法予以信任。我也要向編輯蘿拉和洛琳致上最深的感謝，她們將我樸拙的文字琢磨成散發光彩的寶石。最重要的是要謝謝你，我親愛的讀者，如果不是你購買我的著作，我就不能持續筆耕了。最後要誠摯感謝我太太，她是我最堅強的啦啦隊和堅定的支持者。

國家圖書館出版品預行編目 (CIP) 資料

你的身心課題塔羅都知道：第一本脈輪塔羅療癒指南，打造自己的終極版能量地圖 / 萊札・羅伯遜 (Leeza Robertson) 著；梵妮莎譯. -- 初版. -- 臺北市：遠流出版事業股份有限公司, 2021.04
面； 公分
譯自：Tarot healer : using the cards to deepen your chakra healing work
ISBN 978-957-32-9010-0(平裝)
1. 占卜 2. 心靈療法

292.96 110003438

你的身心課題塔羅都知道

第一本脈輪塔羅療癒指南
打造自己的終極版能量地圖

作　　者｜萊札・羅伯遜
譯　　者｜梵妮莎
總 編 輯｜盧春旭
執行編輯｜黃婉華
行銷企劃｜鍾湘晴
美術設計｜王瓊瑤

發 行 人｜王榮文
出版發行｜遠流出版事業股份有限公司
地　　址｜台北市南昌路 2 段 81 號 6 樓
客服電話｜02-2392-6899
傳　　真｜02-2392-6658
郵　　撥｜0189456-1
著作權顧問｜蕭雄淋律師
ISBN｜978-957-32-9010-0

2021 年 4 月 1 日初版一刷
定　　價｜新台幣 380 元
（如有缺頁或破損，請寄回更換）

YLib.com 遠流博識網
http://www.ylib.com
Email: ylib@ylib.com